Lernen an Stationen

Lernzirkel USA

von
Michael Lamberty
Helmut Obermann
Kathleen Renz

KLETT-PERTHES
Gotha und Stuttgart

Inhaltsverzeichnis

1 Lernen an Stationen – Einführung

2 Lernzirkel USA – Übersicht

3 Stationen

4 Lösungen

5 Arbeitsmaterialien bilingual

Lernen an Stationen – Einführung

Lernen an Stationen, auch Lernzirkel genannt, geht auf eine Arbeitsform von Helen Parkhurst zurück. Sie entwickelte 1920 in Anlehnung an Maria Montessori den Lernzirkel als Arbeitsform aus der Notwendigkeit heraus, Probleme des Unterrichtens an einem ungegliederten Schultyp mit Schülern unterschiedlicher Altersgruppen in den Griff zu bekommen. Sie stellte den Schülern Materialien zur Verfügung, mit denen sie weitgehend selbstständig und individuell an fachbezogenen Aufgaben arbeiten konnten. Für den Sportbereich entwickelten Morgan und Adamson 1952 das „circuit training" als Trainingsmethode, wobei die Sportler unterschiedliche Übungsstationen der Reihe nach oder nach freier Auswahl durchlaufen müssen. Erst nach weiteren Jahrzehnten wurde der Versuch unternommen, Zirkelprogramme auf verschiedene Unterrichtsfächer zu übertragen und als Lernen an Stationen ständig weiter zu entwickeln. So zeigte es sich, dass diese Arbeitsform für den Geografieunterricht geradezu prädestiniert ist. Bei einem Lernzirkel wird ein klar umrissener Themenbereich in Variationen erarbeitet und geübt, wobei im Klassenzimmer an mehreren Stationen (Gruppentischen) Aufgaben zu einem inhaltlichen Schwerpunkt bereitliegen. Die einzelnen Stationen stehen untereinander in einem logischen Zusammenhang, damit eine Vernetzung der Einzelaspekte möglich ist. Je nach Öffnungsgrad haben die Schüler Entscheidungsfreiheiten bezüglich Reihenfolge der Bearbeitung, Dauer, Partner und Auswahl der Stationen, die sie bearbeiten möchten. Bei einem offenen Lernzirkel sind nur eine bestimmte Anzahl von Stationen verpflichtend, die in ihrer Reihenfolge frei gewählt werden können und der Schüler bestimmt den Wechsel selbst. Hier muss darauf geachtet werden, dass alle Pflichtstationen bearbeitet werden und die Wahlstationen ein zusätzliches Angebot darstellen.

Die Stationen sind so zu gestalten, dass die Materialien einen möglichst hohen Anforderungscharakter besitzen, durch methodische Vielfalt und Ansprechen vieler Sinne unterschiedliche Lernwege eröffnen, selbstständiges Lernen unterstützen, eine innere Differenzierung aufweisen, eine Bearbeitung in ca. 20 Minuten ermöglichen und eine Wiederholung des Lern- und Arbeitsvorganges erlauben. Intention und Handhabung des Materials sind für die Schüler so transparent, dass Hilfen auf ein Minimum beschränkt sind. An jeder Station liegt das zur Bearbeitung der Aufgabe(n) benötigte Material (Informationsblatt, Arbeitsblatt, Atlas etc.) bereit. Die Stationen können in Einzel-, Partner- und Gruppenarbeit bearbeitet werden. Ist die Arbeit an einer Station beendet, werden die Ergebnisse mithilfe der Lösungsblätter überprüft, sofern die Arbeitsblätter nicht selbstlösend gestaltet sind. Die Lösungen liegen an einer Lösungsstation aus und ermöglichen weitgehend die selbstständige Kontrolle der Ergebnisse. Einzelne Stationen werden vom Lehrer korrigiert.

Vorbereitung des Zirkels – Zusammenstellung der Stationen

Am Anfang steht die Auswahl der Stationen aus dem vorliegenden Angebot, wobei Vorgaben des Lehrplans, Klassengröße, Sozialform und andere Prioritäten die Auswahl bestimmen. Eigene Stationen können selbstverständlich ergänzt werden.

Die Stationskarten und Informationskarten, die man öfter verwendet, sollte man folieren oder durch Prospekthüllen schützen.

Von den Arbeitsblättervorlagen sind Kopien entsprechend der Schülerzahl anzufertigen. Sie können aber auch als praktischer Abreißblock in Klassenstärke beim Verlag bestellt werden.

Lernen an Stationen – Einführung

Zur Aufbewahrung der Unterlagen empfiehlt sich für jede Station eine Hängemappe oder einen Aktendeckel anzulegen, beschriftet mit dem Namen der Station und den Materialien, die man zusätzlich benötigt. Sperriges Material erhält ebenfalls den Namen der Station und wird in einer Schachtel aufbewahrt. Alles zusammen lässt sich in einer Plastikkiste oder einem Klappkorb bequem transportieren. Steht ein Schrank im Klassenzimmer zur Verfügung, ist die Aufbewahrung des Materials in einer Kiste für die Aufbau- und Aufräumphase ebenfalls von Vorteil.

Laufzettel

Auf einem Laufzettel werden in den Freifeldern alle Stationen, die die Schüler bearbeiten sollen, aufgeführt. Werden andere Stationen ausgewählt, müssen weitere Felder hinzugefügt oder überklebt werden. Sollen Stationen in einer bestimmten Reihenfolge bearbeitet werden, wird das auf dem Laufzettel deutlich markiert. Ebenso werden Pflicht- und Wahlstationen gekennzeichnet. Jedes Kind bekommt einen kopierten Laufzettel, auf dem es die bearbeiteten Stationen abhakt. So behalten Schüler und Lehrer den Überblick über den jeweiligen Arbeitsstand.

Erste Unterrichtsschritte

Vor dem Start mit dem Lernzirkel sollten im Rahmen einer Einstiegsstunde die Schüler für das Thema motiviert werden. Eine Möglichkeit wäre, einen Stuhlkreis zu bilden, in dem sich verschiedene auf das Thema bezogene Dinge zum Anschauen, Begreifen, Anfassen, Hören, Riechen und Schmecken befinden. Die Schüler schließen aus dem Mitgebrachten auf das Thema und haben die Möglichkeit über eigene Erfahrungen und Erlebnisse rund um das Thema zu berichten.

Im nächsten Schritt wird die Organisation des Zirkels erklärt und die Stationen und die jeweilige Arbeitsweise im Überblick vorgestellt. Zudem erhalten die Schüler ihren Laufzettel. Mit Hilfe des Laufzettels wird der Gesamtzeitplan des Lernzirkels mit den Schülern durchgesprochen.

Arbeitet die Klasse zum ersten Mal mit einem Zirkel, sollten ein oder zwei Stationen exemplarisch vorgestellt werden, damit den Schülern die Arbeitsweise, der Umgang mit dem Zirkel und der Unterschied zwischen Pflicht- und Wahlstation deutlich wird.

Bilden von Arbeits- und Stationsteams

Als Nächstes muss geklärt werden, wer mit wem arbeitet. Bewährt haben sich freiwillige Zweierteams, bedingt durch die Ausstattung der Schulräume mit Zweiertischen. Auch die Arbeit in größeren Gruppen ist denkbar, bei Spielstationen sogar notwendig. Je größer die Gruppen werden, desto höher wird auch die Geräuschkulisse durch die geforderte und notwendige Kommunikation an den einzelnen Stationen.

Für den Auf- und Abbau sind feste Schülerteams hilfreich, die immer für dieselbe Station zuständig sind. Sie holen auch die Ausstattung der Station und sind verantwortlich für die Kontrolle der Vollständigkeit des Materials. Ihre Namen werden im Stellplan eingetragen, damit klar ist, wer welche Aufgaben zu erledigen hat.

Gestaltung des Klassenzimmers

Der Umbau des Klassenzimmers sollte am Anfang geübt werden. Ein Stellplan, am besten an die Wand projiziert, ist hilfreich, um immer wieder die gleiche Umorganisation des Klassenzimmers zu leisten. Haben die Schüler das Hin und Her zwei- bis dreimal geübt, klappt der Umbau meist rasch und zuverlässig. Der Lärmpegel lässt mit zunehmender Umbauroutine nach.

Arbeitsregeln

Ist es das erste Mal, dass die Klasse im Lernzirkel arbeitet, müssen die Arbeitsregeln aufgestellt werden. Eine Beteiligung der Schüler dabei ist wichtig, um eine Akzeptanz der Regeln zu erreichen. Die Regeln sollten auf einem Poster für alle gut sichtbar aufgehängt werden.

Folgende Regeln haben sich bewährt:
1. Partner-/Gruppenarbeit ist sinnvoll.
2. Aufgabenstellung sorgfältig beachten.
3. Aufgabe vollständig bearbeiten.
4. Die begonnene Arbeit an einer Station wird nicht abgebrochen, sondern zu Ende geführt.

Lernen an Stationen – Einführung

5. Angefangene Stationen werden in der nächsten Stunde als Erstes beendet. Diese Mitschüler haben an der Station Vorrang.
6. Andere dürfen beim Arbeiten nicht gestört werden.
7. Wir rufen nicht durchs Klassenzimmer.
8. Das Kontrollblatt erst nach Beendigung der Aufgabe benutzen.
9. Stationsteams sind für den Auf- und Abbau ihrer Station und für die Vollständigkeit am Ende der Stunde verantwortlich.
10. Die Arbeit endet, wenn das Signal erklingt. Danach werden zuerst die Stationen, dann das Klassenzimmer aufgeräumt.

Für die Organisation und die Einführungsstunde sollte man je nach Klasse und ihrer Erfahrung mit Zirkeln bis zu drei Schulstunden ansetzen. Eine sorgfältige Planung und Einführung in die Organisation erleichtert das reibungslose Arbeiten.

Arbeit mit dem Lernzirkel
Der Ablauf der einzelnen Stunden sollte nach einem festen Rhythmus erfolgen.
1. Umbau des Klassenzimmers.
2. Stationsteams holen ihre Stationen ab und bauen sie auf.
3. Diejenigen, die eine Station schon begonnen haben, gehen zu dieser Station, die anderen verteilen sich auf die freien Stationen.

Der Lehrer ist Moderator, um den äußeren Ablauf zu garantieren. Ihm bleibt Zeit, sich einzelnen Schülern zu widmen und die gruppendynamischen Prozesse zu beobachten und mitzulenken. Während der Stunde kann auch Zeit sein, kreative Lösungen einzelner Aufgaben zu kontrollieren.

Das Ende der Arbeitszeit muss einige Minuten vor dem Stundenende liegen und durch ein Signal verkündet werden. Geordnetes Aufräumen und Sortieren der Materialien ist unerlässlich und gleichzeitig Garantie für einen geordneten Neuanfang in der folgenden Unterrichtsstunde.

Der Lernzirkel weist keine festen Hausaufgaben aus.
Möglich sind das individuelle Ausgestalten kreativer Aufgaben und das Beenden von Aufgaben mit dem Atlas oder Lehrbuch.

Am Ende der Zirkelarbeit kommt es manchmal zum Stau an einigen Stationen. Es ist die Aufgabe des Moderators, solchen Staus durch einen Blick auf die Laufzettel rechtzeitig vorzubeugen. Eventuell ist bei Stausituationen eine „Warteliste" anzulegen. In einer solchen Phase sind Wahlstationen sehr nützlich.

Am Ende der Zirkelarbeit sollte wieder ein gemeinsames Erlebnis stehen. Als eine Möglichkeit bietet sich eine thematische Vertiefung an. Einzelne Film- oder Bildmedien können das Gelernte verdeutlichen (siehe Organisationsschema). Es soll aber nicht so sein, dass jede Station im Klassenverband besprochen wird.

Leistungsbewertung
Oft wird von Kollegen die Frage nach der Bewertung von Schülerleistungen in der Freiarbeit gestellt. Selbstverständlich ist die Freiarbeit kein leistungsfreier Raum. Ob der Schüler bei seiner selbstständigen und eigenverantwortlichen Arbeit etwas gelernt hat, lässt sich am Ende der Unterrichtseinheit in einem Test, der nur den Stoff der Pflichtstationen umfasst, überprüfen. Ein ständiger Bewertungsdruck durch den Lehrer widerspricht jedoch ganz und gar dem pädagogischen Sinn von Freiarbeit. Die direkte Leistungskontrolle nach jedem Arbeitsschritt leistet der Schüler selbst.

Präsentation und kritische Rückschau
In der Abschlussstunde ist Gelegenheit für die Schüler, ihre kreativen Arbeiten den anderen zu präsentieren. Schön ist eine Ausstellung der Arbeitsergebnisse in der Klasse oder für die Eltern in Verbindung mit einem Elternabend.

Ebenso bietet sich eine Rückschau über die Arbeit mit dem Lernzirkel und eine kritische Auseinandersetzung mit der eigenen Arbeit an.
Leitfragen einer solchen „Feedbackrunde" können sein:
1. Diese Station habe ich am liebsten bearbeitet, weil …
2. Diese Station habe ich nicht gern bearbeitet, weil …
3. Diese Station ist mir schwergefallen, weil …
4. Dieses Thema fand ich interessant, weil …
5. An meinem persönlichen Arbeitsstil war gut, dass …
6. An meinem persönlichen Arbeitsstil kann ich noch verbessern/ändern …

Organisationsschema

| Vorbereitung durch den Lehrer | = | Auswahl der Stationen |

- Info- und Stationskarten folieren oder durch Prospekthüllen schützen
- Zusatzmaterial zusammenstellen und evt. fertigstellen
- Arbeitsblätter für Schüler kopieren und bereitlegen
- Laufzettel herstellen
- Stellplan entwerfen
- Einstiegsstunde planen

| Einstimmung der Klasse | = | gestaltete Einstiegsstunde |

| Vorbereitung mit der Klasse | = | Organisatorische Vorbereitung in der Klasse |

- Lernzirkel und Laufzettel erläutern
- Arbeitsteams festlegen
- Stationsexperten (= Arbeitsteams) festlegen und in Stellplan eintragen
- Umbau des Zimmers, Aufbau der Stationen erklären und einüben
- Arbeitsregeln gemeinsam erarbeiten und fixieren (Plakat)

| Arbeitsphase | = | Arbeit an den Stationen |

- Umbau des Klassenzimmers nach Plan
- Ausgabe und Aufbau der Stationen durch Stationsexperten
- Auswahl der Station durch Schüler, angefangene Stationen haben Vorrang
- Lehrer ist Moderator, Helfer für Einzelne
- Ende der Arbeit 5 Minuten vor Stundenende, Aufräumen der Stationen, Umbau des Klassenzimmers

| Abschluss | = | Abschlussphase der Arbeit am Lernzirkel |

- Präsentation der kreativen Arbeiten
- Arbeitsrückschau
- Ausstellung ausgewählter Arbeitsergebnisse

Lernzirkel USA – Übersicht

↻ **Ein Beispiel**

  • Übersicht zu den Beispielstationen
  • Laufzettel
  • Umbauplan für das Klassenzimmer

↻ **Gesamtübersicht der Stationen**

↻ **Blankolaufzettel**

Lernzirkel USA

Die USA sind, um es mit Fontane zu sagen, „ein weites Feld". Natürlich kann ein Lernzirkel USA mit 25 Stationen nicht alle Themenbereiche voll abdecken.

Es war also zwischen thematischer Breite und exemplarischer Tiefe zu entscheiden. Wir haben daher bewusst darauf verzichtet, das Thema Industrie durch diesen Lernzirkel zu bearbeiten. Der Lernzirkel stellt die Natur und den Menschen in den Mittelpunkt, wobei besondere Akzente auf der landwirtschaftlichen Nutzung und dem Zusammenleben der Menschen liegen.

Als Voraussetzung wird angenommen, dass die Schüler und Schülerinnen in festen Zweierteams arbeiten. Ausgenommen davon sind die Stationen 1 (From coast to coast) und 14 (Die mit den Bäumen reden), in denen jeweils alle Teams an einem Gruppenpuzzle zusammenarbeiten. Bei der Station 23 (Tortilla Curtain) werden vier Mitspieler und bei der Station 24 (Schwergewichtsmeister) drei Mitspieler gebraucht. Bei der Station 7 (This land is your land) kann zu dritt oder viert Domino gespielt werden.

Zu beachten ist auch, dass die Station 13 (Die Entwicklung der amerikanischen Stadt) aufgrund des komplexen Themas als Doppelstation mit fester Reihenfolge angelegt ist.

Alle Stationen des Lernzirkels sind bilingual angelegt. Die englischen Versionen der Arbeits- und Informationsblätter befinden sich im Anhang des Lernzirkels.

Somit kann dieser Lernzirkel USA auch im bilingualen Erdkundeunterricht sowie im Englischunterricht eingesetzt werden.

Die Stationen 5 (Nationalparks) und 6 (Go West) bieten auch die Möglichkeit, das Internet einzusetzen. Die Arbeitszeit von 20 Minuten wird bei Benutzung/Verwendung des Internets überschritten.

Die Stationen 2 (It never rains …), 7 (This land …), 9 (Einwanderungsland) und 11 (Black America) enthalten jeweils noch eine weitere Alternativaufgabe, so dass zusätzlich Wahlstationen mit Trainings- und Vertiefungsmöglichkeiten eingerichtet werden können.

Stationenauswahl und Unterrichtszeit:
Für das Beispiel „Natur und Menschen" sind 11 Pflichtstationen ausgewählt. Diese Pflichtstationen benötigen jeweils bis zu 20 Minuten Arbeitszeit mit Ausnahme der Doppelstation 13, die eine Schulstunde benötigt. Für diese Station muss ein Arbeitstisch mit acht Plätzen zur Verfügung stehen, da sonst diese Station nicht von allen durchlaufen werden kann. Daraus ergibt sich für die Pflichtstationen eine Arbeitszeit von sechs Unterrichtsstunden. Die Wahlstationen sind ebenfalls mit einer Arbeitszeit von 20 Minuten ausgelegt, mit Ausnahme der Bastelstation, für die die doppelte Zeit angesetzt werden muss. Da die Anzahl der zu bearbeitenden Wahlstationen nicht vorgegeben ist, werden zusätzlich für die Wahlaufgaben zwei Unterrichtsstunden angesetzt. Den Schülerinnen und Schülern steht damit eine Arbeitszeit von acht Stunden zur Verfügung. Rechnet man eine Einführungs- und eine gemeinsame Abschlussstunde hinzu, ergibt sich ein Gesamtbedarf von 10 Unterichtsstunden.

Aufbau im Klassenzimmer:
Bei einer Klasse von 32 Schülern und Schülerinnen stehen in der Regel 16 Arbeitstische und ein Lehrerpult zur Verfügung. Beim Aufbau wird davon ausgegangen, dass an einem Zweier-Tisch auch vier Personen sitzen und arbeiten können (einige zusätzliche Stühle erleichtern die Umorganisation). Der Lehrertisch wird als Arbeitsstation mit eingerechnet. An manchen Stationen kann auf einen Tisch verzichtet werden. Das beiliegende Aufbauschema zeigt, wie man in kurzer Zeit und mit wenig Aufwand ein Klassenzimmer so umgestaltet, dass es für die Zirkelarbeit geeignet ist. Wichtig ist, dass immer die gleichen Schüler den gleichen Tisch an dieselbe Stelle räumen. Der Aufbauplan muss im Klassenzimmer hängen und die verantwortlichen Schüler werden bei „ihrem" Tisch eingetragen.

Übersicht zu den Beispielstationen

Stationsname	Inhalt	Wissen Basis	Wissen Erweiterung	Material Stationskarte	Informationsblatt	Arbeitsblatt	Klassensatz	Zusätzliches Material	Arbeitsweise	Kontrolle (Schüler = S, Lehrer = L, Präsentation = P)
From coast to coast	Großlandschaften	x		x		x		Folie, Overhead, Packpapier etc.	Gruppenpuzzle	P
It never rains in Southern California	a) Klimazonen	x		x	x	x	x	Atlas	Klimadiagramm- und Fotoauswertung	S
Tornados	Tornado	x		x	x	x	x	Kunststoffflaschen etc.	Experiment	S
Hurrikans	Hurrikan	x		x	x	x	x	Atlas	Arbeit mit Text und Grafik	S
This land is your land	Orientierung	x		x		x Ausschneidebogen	x	Atlas, Schere	Lernspiel (Domino) Atlasarbeit	S
	Staaten der USA	x				x	x	Atlas	Silbenrätsel	S
Die USA – ein Einwanderungsland	Einwanderung bis 1990	x		x	x			Buntstifte, Geodreieck	Arbeit mit Text und Grafik	S
The Sound of America	Ethnische Einflüsse in amerikanischer Musik		x	x	CD	x	x	CD, CD-Player mit Kopfhörern	Sinnerfahrung	S
Black America	Lebenssituation der Schwarzen	x		x	x	x	x	Wörterbuch	Arbeit mit Text und Grafik	S
New York – New York	Merkmale von New York	x		x		x	x	Atlas	Arbeit mit Grafik, Statistik, Karte, Bild	S
A North American City (Doppelstation)	Entwicklung der nordamerikanischen Stadt			x	x				Arbeit mit Bildern, Text und Grafik	
	Teil 1	x				x	x			S
	Teil 2	x				x	x			S
Die von den Bäumen reden	Indianer heute	x		x	x	x	x		Arbeit mit Texten, Rätseln	S
Dreamkeeper	Symbol ganzheitlichen Denkens			x	x Bastelanleitung	x		3 m fester Zwirn Hasel-/Weidenzweig (40 cm lang, 6 mm stark) Je eine Perle: rot, weiß, blau, grün, braun, Feder (10 cm)	Bastelarbeit	P
The Tortilla-Curtain	Illegale Einwanderung aus Mexiko, Hispanics	x		x	x + Spielplan	Ausschneidebogen (4 x)			Begegnung mit Literatur Lernspiel	L
Die noch ungelösten Fälle des FBI: die Powerball-Gang	Orientierung		x	x		x	x	Atlas	Geografischer Kriminalfall (Rätsel) mit Atlasarbeit	

Laufzettel von ....

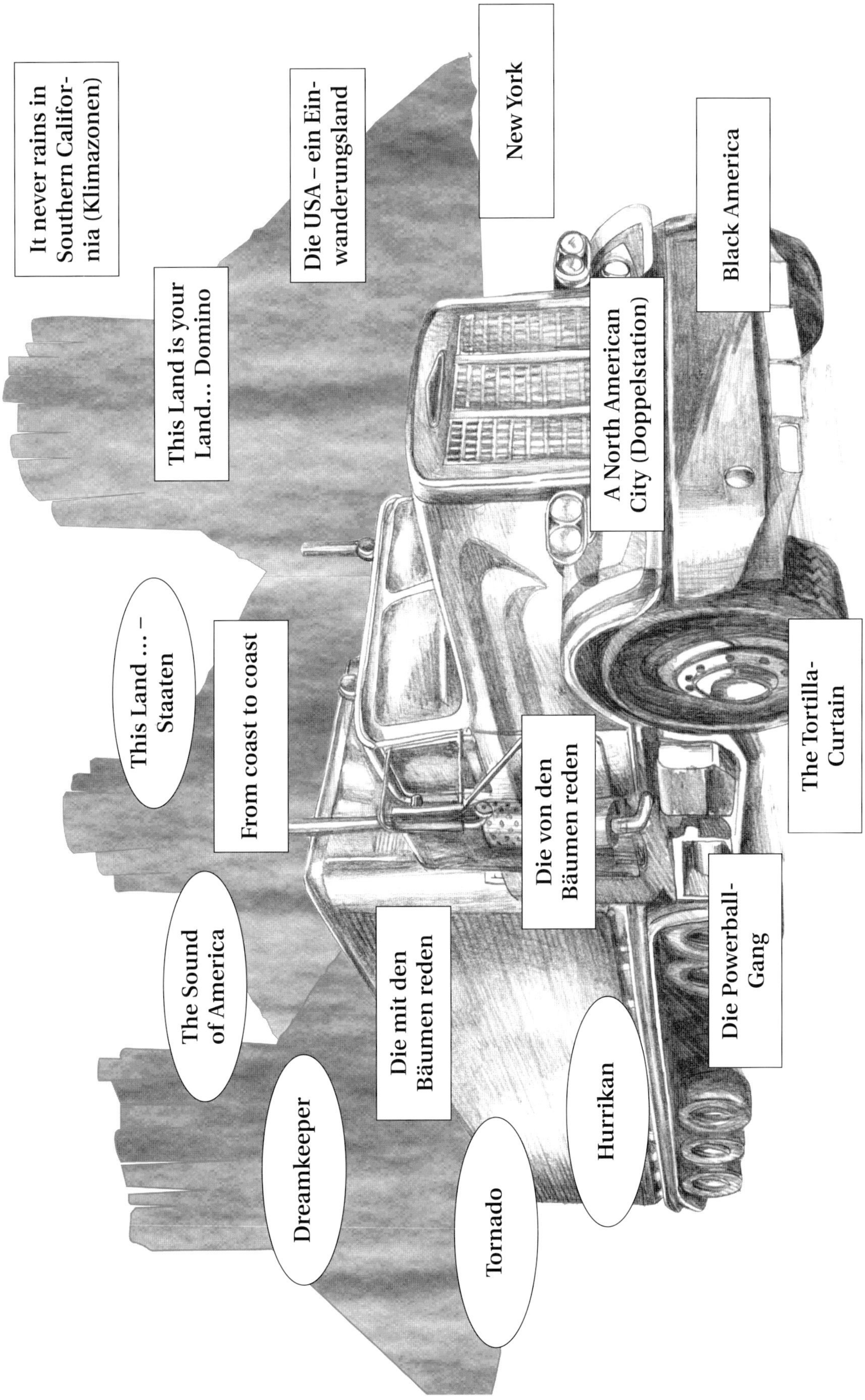

Pflichtstationen:
- It never rains in Southern California (Klimazonen)
- This Land is your Land... Domino
- Die USA – ein Einwanderungsland
- New York
- A North American City (Doppelstation)
- Black America
- The Tortilla-Curtain
- Die Powerball-Gang
- Die von den Bäumen reden
- Die mit den Bäumen reden
- From coast to coast

Wahlstationen:
- This Land … – Staaten
- The Sound of America
- Dreamkeeper
- Tornado
- Hurrikan

Pflichtstation · Wahlstation

Umbauplan für das Klassenzimmer

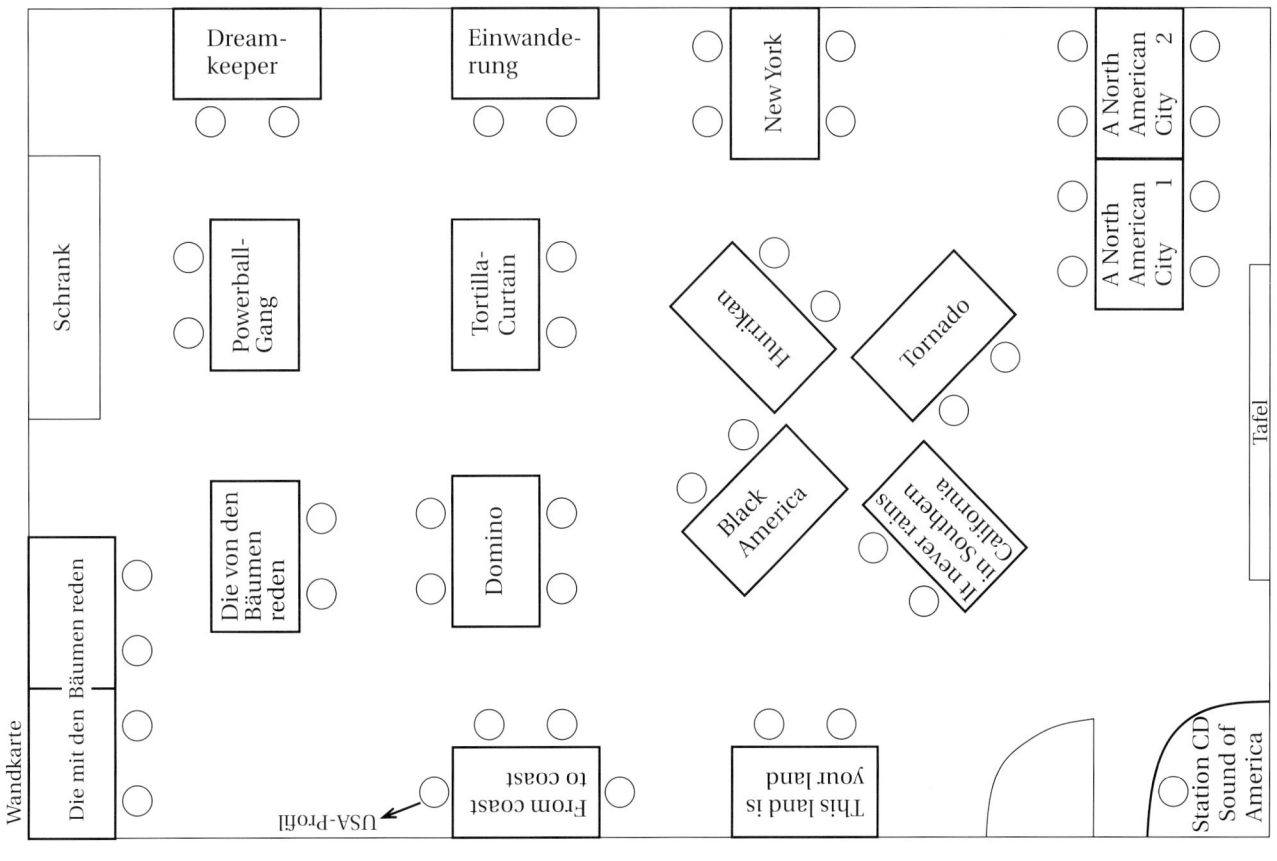

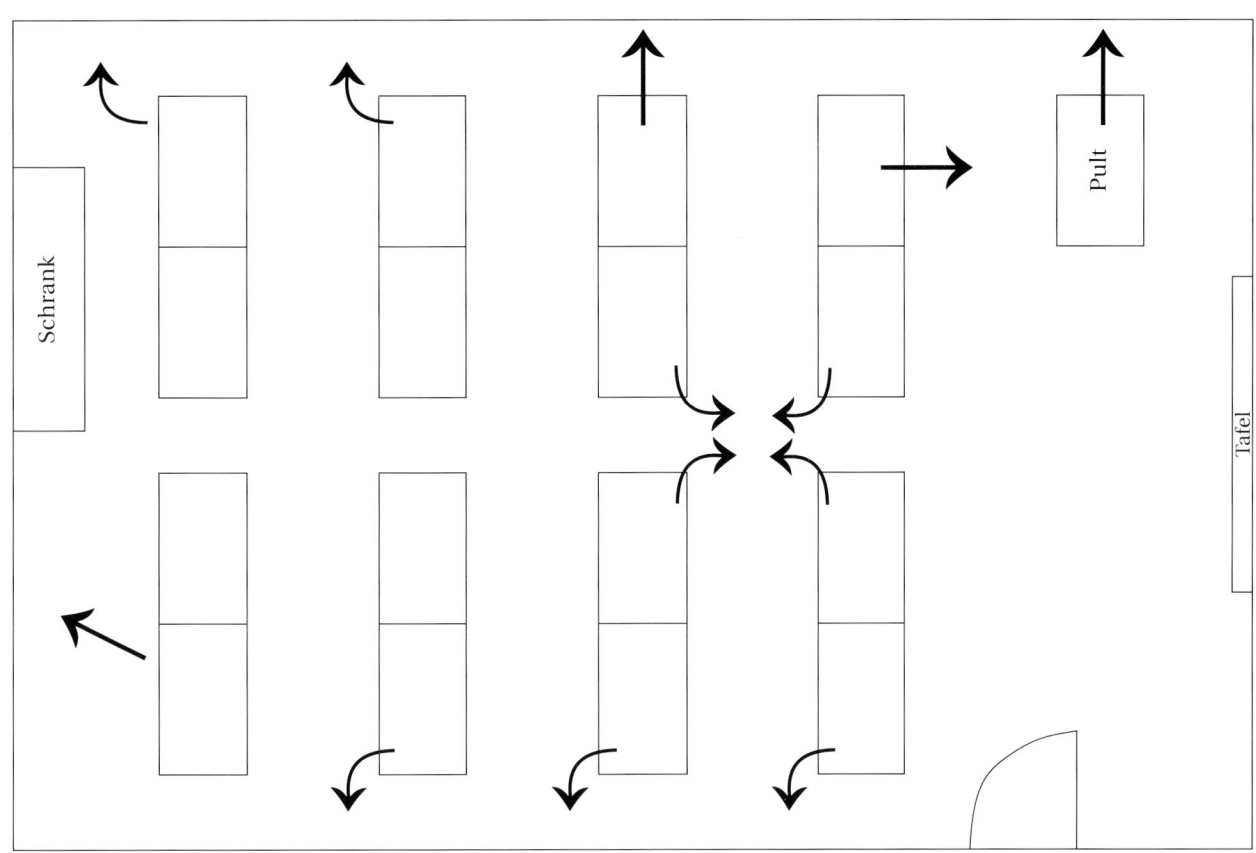

Gesamtübersicht der Stationen

Stationsname	Inhalt	Wissen Basis	Wissen Erweiterung	Material Stationskarte	Informationsblatt	Arbeitsblatt	Klassensatz	Zusätzliches Material	Arbeitsweise	Kontrolle Schüler (S) Lehrer (L) Präsentation (P)
From coast to coast	Großlandschaften	x		x		x		Folie, Overhead, Farbstifte, Packpapier, Reißzwecken oder Klebeband, Atlas	Gruppenpuzzle	P
It never rains in Southern California	a) Klimazonen	x		x	x	x	x	Atlas	Klimadiagramm- und Fotoauswertung	S
	b) Klima der USA		x	x	Video (FWU 42 10363)	x	x	Atlas, Video	Videoauswertung	S
Tornados	Tornado: Entstehung und Folgen	x		x	x	x	x	2 Kunststoffflaschen, Lebensmittelfarbe, Kontaktkleber, Akkubohrer, Atlas	Experiment Arbeit mit Text	S
Hurrikans	Hurrikan: Entstehung und Folgen	x		x	x	x	x	Atlas	Arbeit mit Text und Grafik	S
America's best idea	Nationalpark		x	x				Internet, Arbeitsprotokoll, DIN A 3 Blatt	Informationsbeschaffung und Auswertung	P
	Yosemeti Nationalpark		x	x	x			DIN A 3 Blatt	Informationsbeschaffung und Auswertung	P
Go West	Besiedlung der USA	x		x	x			Atlas	Arbeit mit Text und Karte	S
This land is your land	Orientierung	x		x		x Ausschneidebogen	x	Atlas, Schere	Lernspiel (Domino) Atlasarbeit	S
	USA – kreuz und quer		x			x	x	Atlas	Kreuzworträtsel	S
	Staaten der USA	x				x	x	Atlas	Silbenrätsel	S
Township and Sections	Landaufteilung	x		x	x	x	x	Atlas	Arbeit mit Text und Grafik	S
Die USA – ein Einwanderungsland	Einwanderung bis 1990	x		x	x	x	x		Arbeit mit Text und Grafik	S
	Einwanderung 1990–1996		x			x	x	Buntstifte, Geodreieck	Zeichnen eines Säulendiagramms	S

Gesamtübersicht der Stationen

Stationsname	Inhalt	Wissen Basis	Wissen Erweiterung	Material Stationskarte	Informationsblatt	Arbeitsblatt	Klassensatz	Zusätzliches Material	Arbeitsweise	Kontrolle Schüler (S) / Lehrer (L) / Präsentation (P)
The Sound of America	Ethnische Einflüsse in amerikanischer Musik		x	x	CD	x	x	CD, CD-Player mit Kopfhörern	Sinnerfahrung	S
Black America	Lebenssituation der Schwarzen	x		x	x	x	x	Wörterbuch	Arbeit mit Text und Grafik	S
New York – New York	Merkmale von New York	x		x		x	x	Atlas, Engl. Wörterbuch	Arbeit mit Statistik, Karte, Bild	S
A North American City (Doppelstation) Teil 1 Teil 2	Entwicklung der nordamerikanischen Stadt	x x		x	x	x x		Engl. Wörterbuch	Arbeit mit Bildern, Text und Grafik	S S
Die mit den Bäumen reden	Indianer früher	x		x	x (7 x) + Wandkarte	x 3 Ausschneidebögen	x	Schere, Klebstoff, bunte Fäden	Gruppenpuzzle	P
Die von den Bäumen reden	Indianer heute	x		x	x	x	x		Arbeit mit Texten, Rätsel	S
Dreamkeeper	Symbol ganzheitlichen Denkens		x	x	x Bastelanleitung			3 m fester Zwirn Hasel-/Weidenzweig (40 cm lang, 6 mm stark) Je eine Perle: rot, weiß, blau, grün, braun, Feder (10 cm)	Bastelarbeit	P
Landwirtschaft im Überblick	Landwirtschaftszonen	x		x		x (2 x)	x	Atlas	Atlasarbeit, thematische Karte anfertigen	S
Superkorn und Superbohne	Mais und Soja	x		x	x (2 x)	x	x		Auswertung von Text und Bild	S
Kornkammer	Weizenanbau	x		x		x	x	Atlas	Auswertung von Text & Karten	S
Dust Bowl	Bodenerosion	x		x	x	x	x	5 Kunststoffschalen, 2 Kanthölzer, Sand, Erde, Grassoden, Haarfön, Gießkanne	Experiment, Auswertung von Text	S

Gesamtübersicht der Stationen

Stationsname	Inhalt	Wissen Basis	Wissen Erweiterung	Material Stationskarte	Informationsblatt	Arbeitsblatt	Klassensatz	Zusätzliches Material	Arbeitsweise	Kontrolle Schüler (S) Lehrer (L) Präsentation (P)
Where have all the cowboys gone?	Rinderhaltung	x		x		x	x	Atlas	Auswertung von Texten, Atlasarbeit	S
Obst- und Gemüsegarten der USA	Landwirtschaft in Kalifornien	x		x		x	x	Atlas	Auswertung von Atlaskarten, Klimadiagramm	S
The Tortilla-Curtain	Illegale Einwanderung aus Mexiko, Hispanics	x		x	x + Spielplan	Ausschneidebogen (4 x)			Begegnung mit Literatur, Lernspiel	L
Schwergewichtsmeisterschaft	Produktionsschwerpunkte der Industrie und Landwirtschaft		x	x	x Spielplan	Ausschneidebogen		Atlas, Würfel	Lernspiel	S
Die noch ungelösten Fälle des FBI: die Powerball-Gang	Orientierung		x	x		x	x	Atlas	Geografischer Kriminalfall (Rätsel) mit Atlasarbeit	S

Laufzettel von ....

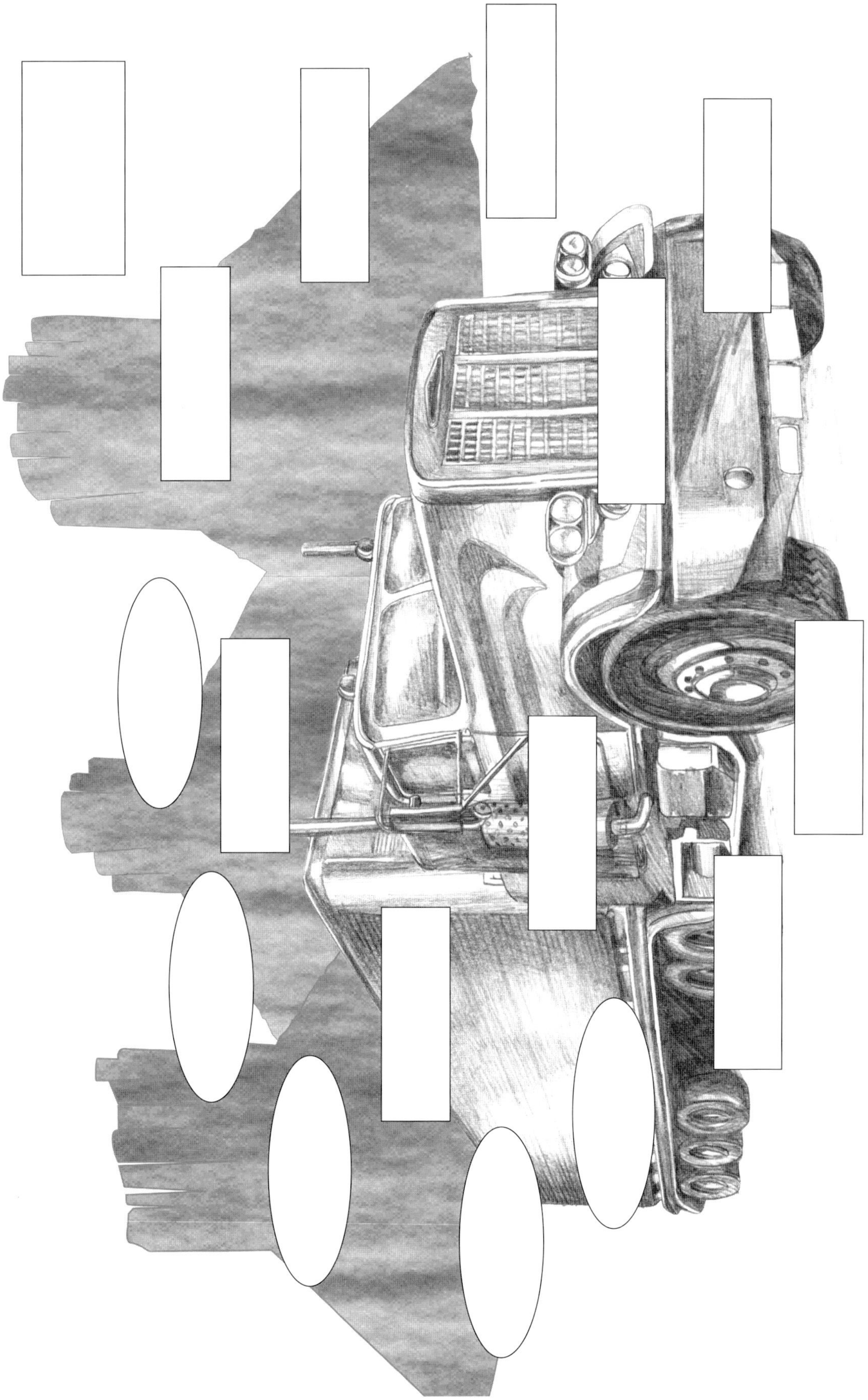

☐ Pflichtstation   ⬭ Wahlstation

Stationen

- Großlandschaften/From coast to coast
- It never rains in Southern California
- Tornados
- Hurrikans
- America's best idea
- Go West
- This land is your land
- Townships and Sections
- Die USA – ein Einwanderungsland
- The Sound of America
- Black America
- New York
- A North American City

- Die mit den Bäumen reden
- Die von den Bäumen reden
- Dreamkeeper
- Landwirtschaft im Überblick
- Superkorn und Superbohne
- Kornkammer
- Dust Bowl
- Where have all the cowboys gone?
- Obst- und Gemüsegarten
- The Tortilla-Curtain
- Schwergewichtsmeisterschaft
- Die noch ungelösten Fälle des FBI

Großlandschaften/From coast to coast
(Klassenteamwork)

Ziel

Im Klassenzimmer soll ein großes Wandbild entstehen, das ein Ost-West-Profil der USA zeigt.

Hinweis:
Verwendet immer die gleichen Stifte, damit das Wandbild einheitlich aussieht. Stellt am besten eine Schachtel mit den verschiedenen Stiften zusammen.

Material

Packpapier (Rolle) } in den ersten
Folie und Overheadprojektor } Stunden
Reißzwecken, Atlas
Farbstifte (Dickies) oder Jaxonkreide oder Wachskreide, Filzstift, Tafellineal oder Tafelgeodreieck

Aufgabe

Das Blatt „Arbeitsprotokoll" enthält die einzelnen Arbeitsschritte, die für die Entstehung des Wandbildes notwendig sind. Jedes Team führt den nächstfolgenden Schritt aus. Erledigte Arbeitsschritte werden abgehakt oder kommentiert, so dass das nachfolgende Team gleich erkennt, an welcher Aufgabe es weiter arbeiten muss.

Großlandschaften/From coast to coast   Arbeitsprotokoll

Arbeitsschritt	Ausgeführt von:	Erledigt:	Noch fertigzustellen vom nächsten Team
1. Bestimmt mit dem Overheadprojektor und der Folie die mögliche Größe und den Platz für das Wandbild. Schneidet das Packpapier zu und befestigt es an der Wand.			
2. Übertragt mithilfe der Folie Abschnitt 1 des Profils mit allen Angaben auf das Packpapier. Achtung! Lasst Platz für die Beschriftung nach oben und unten.			
3. Übertragt mithilfe der Folie Abschnitt 2 des Profils mit allen Angaben auf das Packpapier.			
4. Übertragt mithilfe der Folie Abschnitt 3 des Profils mit allen Angaben auf das Packpapier.			
5. Übertragt mithilfe der Folie Abschnitt 4 des Profils mit allen Angaben auf das Packpapier.			
6. Übertragt mithilfe der Folie Abschnitt 5 des Profils mit allen Angaben auf das Packpapier.			
7. Übertragt mithilfe der Folie Abschnitt 6 des Profils mit allen Angaben auf das Packpapier.			
8. Färbt die Höhenschichtung entsprechend den Farben einer physischen Karte in Abschnitt 1, 2 und 3 ein, siehe Folie. (Atlas) Fertigt eine Legende.			
9. Färbt die Höhenschichtung entsprechend den Farben einer physischen Karte in Abschnitt 4, 5 und 6 ein, siehe Folie. (Atlas) Ergänzt die Legende.			
10. Tragt in das Profil die natürliche Vegetation und/oder die landwirtschaftliche Nutzung für Abschnitt 1 und 2 ein, siehe Folie. (Atlas) Ergänzt die Legende.			
11. Tragt in das Profil die natürliche Vegetation und/oder die landwirtschaftliche Nutzung für Abschnitt 3 und 4 ein, siehe Folie. (Atlas) Ergänzt die Legende.			
12. Tragt in das Profil die natürliche Vegetation und/oder die landwirtschaftliche Nutzung für Abschnitt 5 und 6 ein, siehe Folie. (Atlas) Ergänzt die Legende.			

It never rains in Southern California....

Thema — Klimazonen der USA

Material — Fotos, Arbeitsblatt, Atlas

Aufgabe — Informiere dich über die klimatischen Unterschiede auf dem Gebiet der USA (Fotos).
Löse die Aufgaben auf dem Arbeitsblatt.

N Trockenklima der Becken

Ganzjährig geringe Niederschläge, warme aride (trockene) Sommer

S Seeklima der Westseiten

kühlgemäßigte Temperaturen, sehr hohe Niederschläge im Herbst und Winter

H Kontinentales Waldklima (Mischwald)

lange, kalte Winter, kurze, warme Sommer, Regenmaximum im Sommer

It never rains in Southern California.... Informationsblatt

D Steppenklima

kalte Winter, warme Sommer, ganzjährig humid (feucht) bei geringen Niederschlägen

Y Wechselfeuchtes Tropenklima

kältester Monat über 18 °C, sehr hohe Sommerniederschläge

B Wüstenklima

sehr heiße Sommer, ganzjährig arid (trocken)

U Kontinentales Waldklima (Laubwald)

kühle Winter, warme Sommer, ganzjährig reichlich Niederschlag

A Ostseitenklima

milde Winter, sehr warme Sommer, ganzjährig hohe Niederschläge

O Mittelmeerklima

milde Winter mit starken Regenfällen, Trockenheit im Sommer

It never rains in Southern California.... Arbeitsblatt a

1. Trage die Namen der Klimastationen in die Karte ein.
2. Informiere dich über die USA (Fotos, Kurzbeschreibungen und Klimadiagramme).
3. Ordne die neun Fotos den Klimazonen (1–9) zu.

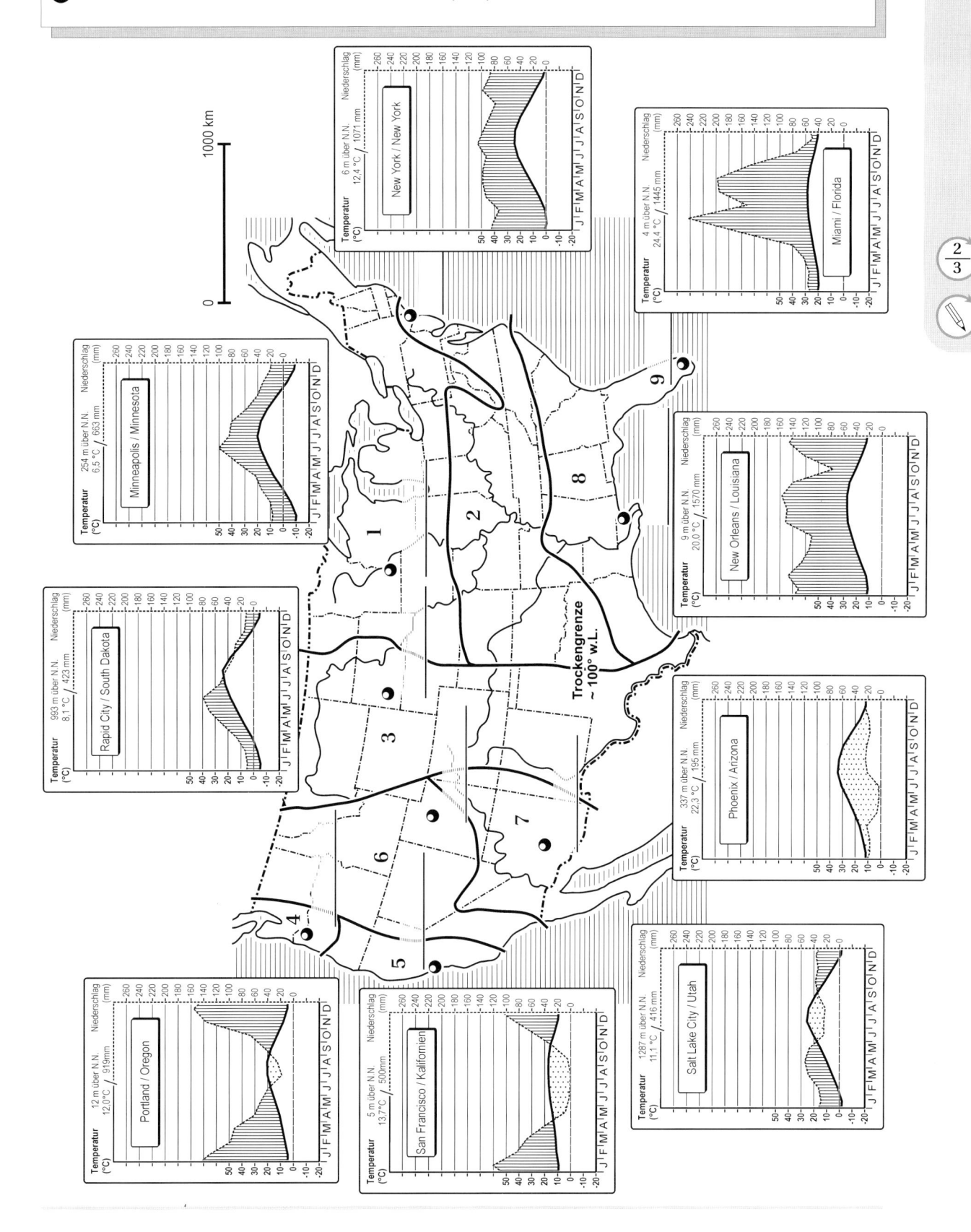

Das Klima in Nordamerika (Videofilm FWU 42 10363) Arbeitsblatt b

Der Videofilm „Das Klima in Nordamerika" zeigt zwei Klimareisen.
Die erste Klimareise führt im Sommer von San Francisco in die Great Plains.
Die zweite Reise findet im Winter statt. Sie startet in Churchill an der Hudson Bay und endet in Miami.

❶ Zeichne in die Karte die wichtigsten Gebirgszüge ein und benenne sie.

❷ Schau dir zunächst den ersten Teil des Videos an und notiere wichtige Aussagen über das Klima. Bearbeite die Aufgaben 3 und 4 für diesen Teil. Anschließend verfahre mit der zweiten Klimareise ebenso.

❸ Zeichne die Lage der für das Klima in Nordamerika entscheidenden Luftmassen, Windrichtungen und Meeresströme ein.

❹ Erkläre die charakteristischen Merkmale des Klimas im Westen und im Osten der USA.

Tornados

Thema

Jahr für Jahr wüten Tornados in den USA. Allein entlang der Tornado-Allee zwischen Florida und North Dakota werden jährlich um die 700 Tornados gezählt. Sie verursachen hohe Sachschäden und fordern vielfach auch Menschenleben.

Material

Tornado – Informationsblatt 1
Tornado – Experiment- und Informationsblatt 2
Arbeitsblatt: Wirbelstürme in den USA

Aufgabe

1. Informiere dich über die Entstehung, Verbreitung und Auswirkungen von Tornados und führe das Experiment durch.
2. Ergänze die Kategorien für Tornados auf dem Arbeitsblatt.

Tornado

Informationsblatt 1

Tornados verwüsten Forth Worth

Forth Worth (dpa). Bei zwei verheerenden Tornados, die über die nordtexanische Stadt Fort Worth hinwegfegten, sind 4 Menschen getötet und 50 weitere verletzt worden. Die „Twister" richteten vor allem im Stadtzentrum Millionenschäden an. Tausende Fenster wurden eingedrückt. Die Stürme rissen Hauswände ein, deckten Dächer ab und entwurzelten Bäume. Da viele Wohnungen zerstört wurden, richteten Heilsarmee und Rotes Kreuz in Forth Worth Notunterkünfte ein. „Wir sahen den Twister ganz genau, der Lärm war ohrenbetäubend, Trümmerteile flogen durch die Luft. Der Himmel war ganz schwarz," berichtete ein Augenzeuge.

Die Stadt Arlington östlich von Forth Worth wurde von einem weiteren Tornado getroffen. Hier zerstörte der Sturm sechs Häuser und beschädigte mehr als 100 weitere Bauten. Überland-Stromleitungen wurden umgerissen. Auf vielen Straßen legten die Tornados den Verkehr lahm und stürzten sogar fünf Lastzüge um.

Die Sturmfront zog von Westen her in die Region Dallas-Forth Worth. Das gefährliche Wetter entstand bei dem für jedes Frühjahr typischen Zusammenprall einer Kaltfront im Norden und einer feuchten Warmfront vom Golf von Mexiko.

Tornado-Allee:

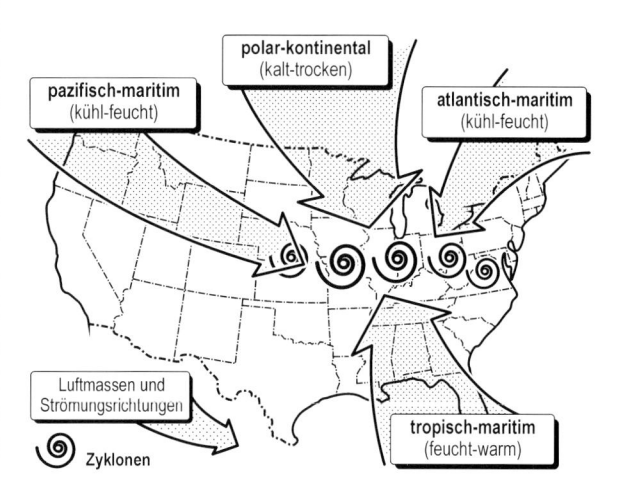

Luftmassen und Strömungsrichtungen: pazifisch-maritim (kühl-feucht), polar-kontinental (kalt-trocken), atlantisch-maritim (kühl-feucht), tropisch-maritim (feucht-warm), Zyklonen

Unglaublich

In Minnesota wurde 1931 ein 83 t schwerer Zug von einem Tornado 25 m hoch in die Luft geschleudert. Viele der 117 Passagiere wurden getötet.

Rekordverdächtig

Im Jahr 1917 fegte ein Tornado 7 Stunden und 20 Minuten über den Staaten Illinois und Indiana und hinterließ eine Spur der Verwüstung.

Tab. 1 Die Fujita-Skala (Angaben nach NSSL / NOAA)

F-Stufe	Bezeichnung	Windgeschwindigkeit	Beschreibung
F 0	Sturmtornado	64–116 km/h	Äste brechen, flachwurzelnde Bäume kippen um, Schäden an Schornsteinen
F 1	Gemäßigter Tornado	117–180 km/h	Autos werden weggeschoben, Dachziegel fliegen herab, leichte Geräteschuppen und Garagen werden zerstört
F 2	Bedeutender Tornado	181–251 km/h	Entwurzelung großer Bäume, Dächer von Holzhäusern werden zerstört, leichtere Gegenstände wirbeln durch die Luft
F 3	Schwerer Tornado	252–330 km/h	Dächer und Wände von stabileren Häusern werden zerstört, Züge umgeworfen und ganze Wälder entwurzelt
F 4	Verwüstender Tornado	331–416 km/h	Häuser werden völlig zerstört, Autos und große Gegenstände durch die Luft geschleudert
F 5	Unglaublicher Tornado	417–510 km/h	Autos fliegen mehr als 100 Meter weit, Stahlbetonkonstruktionen werden beschädigt und Baumstämme entrindet
F 6	Unvorstellbarer Tornado	> 510 km/h	Wie bei F 5 Tornados (F 6 Tornados gibt es amtlich nicht)

Tornado Experiment + Informationsblatt 2

Experiment: Tornado in der Flasche

Material:
- Zwei 1,5 bis 2 Liter große Kunststoffflaschen aus durchsichtigem PET (z. B. Fanta-Flaschen) mit Schraubverschlüssen
- blaue Lebensmittelfarbe
- Kontaktkleber
- Karton (40 x 40 cm)
- Akkubohrer

Vorbereitung:
- Schraubverschlüsse von den Flaschen abdrehen, Kontaktkleber auf die Außenköpfe der Schraubverschlüsse auftragen, antrocknen lassen und dann mit Druck verbinden
- in die Mitte der verklebten Schraubverschlüsse mit Akkubohrer ein Loch bohren (= Tornadorohr)
- eine Flasche zu 2/3 mit Wasser füllen und anfärben, die zweite Flasche mit dem Tornadorohr verbinden

Durchführung:
- die wassergefüllte Flasche oben, die leere unten anordnen
- das Wasser mit einer kreisenden Bewegung zum Rotieren bringen bis ein Wirbel entsteht.

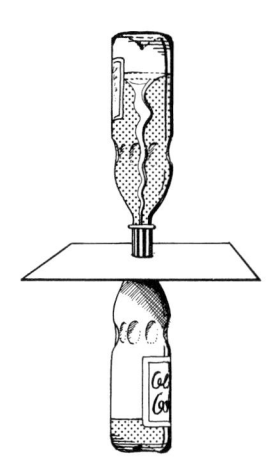

Nach Richtung der Anfangsbewegung bilden sich links- oder rechtsdrehende Wirbel. Wird die Flasche zur Seite gekippt, krümmt sich der Wirbel. Je nach Durchmesser der Bohrung lassen sich unterschiedliche Wirbel erzeugen. Schmale, unruhige Wirbel sind instabil und schnüren sich leicht selbst ein. Breite, ruhige Wirbel sind eher stabil.

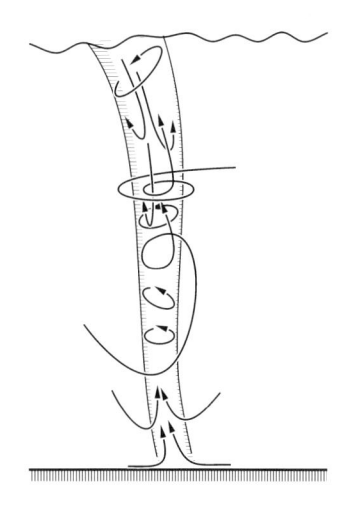

Der unheilbringende Wolkenschlauch

Tornados entstehen über dem Festland. Sie bilden sich, wenn feuchtwarme Luft am Boden auf hochreichende Kaltluft trifft und wenn Windstärke und Windrichtung am Boden und in der Höhe stark differieren. Durch intensive Sonneneinstrahlung und starke Erwärmung der bodennahen Luft steigt diese auf und durchbricht die Trennschicht zur darüber liegenden Kaltluft. Es bilden sich gewaltige Gewitterwolken. Gleichzeitig stürzt Kaltluft auf der Gewitterrückseite herab. Die herabstürzende Kaltluft wird durch emporgerissene Warmluft ersetzt. Der untere Teil der aufströmenden Luft wird in Rotation versetzt. Zwischen Erdoberfläche und Wolkenuntergrenze entwickelt sich dabei der charakteristische Wolkenschlauch in Form eines Rüssels.

Tornados ziehen mit 50 bis 60 km/h übers Land, stehen zuweilen still oder beschleunigen auf über 100 km/h. Die Luft im rüsselförmigen Schlauch rotiert mit einer Windgeschwindigkeit von mehr als 60 km/h und kann sogar 500 km/h überschreiten. Mit derartigen Windgeschwindigkeiten übertreffen sie die Hurrikane. Bereits der „kleinste" Tornado erreicht nach der bei uns gültigen Beaufortskala bereits die höchsten Windstärken 11 und 12, also Orkanstärke. Die Zerstörung von Gebäuden ist meist auf die Wucht der Winde zurückzuführen. Zudem herrscht im Inneren des Tornados extremer Unterdruck, also Luftmangel. Der Sog schleudert Autos und sogar schwere Baufahrzeuge in die Höhe.

Hurrikans

Thema

In den Südstaaten der USA treten immer wieder Hurrikans auf. Ihre Zerstörungskraft ist immens. Die Bedingungen zur Entstehung der gigantischen tropischen Zyklonen (Hurrikans) unterscheiden sich von den kleineren Tornados.

Material

Informationsblatt 1 und 2
Arbeitsblatt: Wirbelstürme in den USA

Aufgabe

1. Informiere dich über Hurrikans.
2. Ergänze die Kategorien für Hurrikans auf dem Arbeitsblatt.

Hurrikans

Informationsblatt 1

Hurrikans

Diese tropischen Wirbelstürme sind Tiefdruckgebiete mit einem Durchmesser von 500–1000 km und setzen sich aus riesigen kreisförmigen Bändern von Kumulus- und Kumulonimbuswolken zusammen, die spiralförmig um das Sturmzentrum („Auge") kreisen.

Hurrikans entstehen immer über warmen Meeren mit Wassertemperaturen über 27 °C. Intensive Sonneneinstrahlung lässt große Mengen Wasser verdunsten, die von warmer Luft aufgenommen werden. Auslösende Ursache der Wirbelstürme ist häufig eine konvergente Strömung, d. h. es fließen Luftmassen aus unterschiedlichen Richtungen am Südrand des Subtropenhochs zusammen. Warme und feuchte Luftmassen strömen ein, steigen auf und kühlen dabei ab. Der in der Luft enthaltende Wasserdampf kondensiert und es bilden sich hoch aufgetürmte Quellwolken. Bei dieser Kondensation wird sehr viel Wärme frei und dem Luftraum wird ununterbrochen Energie zugeführt. Dadurch schießt immer mehr Luft in die Höhe und nach einiger Zeit entsteht ringförmig um das Zentrum eine 20 bis 60 km breite, wolkenfreie, fast windstille Zone. Dort herrscht meist absteigende Luftbewegung mit Wolkenauflösung.

Vorwiegend in den Monaten Juli bis November bilden sich die meisten Hurrikans, meist zwischen 10° und 20° nördlicher Breite im westlichen Atlantik, Karibik und Golf von Mexiko, niemals in Äquatornähe.

Solange sich ein Hurrikan über warmes Meerwasser bewegt, steht genügend Energie für die Erhaltung des Wirbels zur Verfügung. Kommt der mit 15 bis 50 km/h dahinziehende Hurrikan aber an Land, ist die Zufuhr von Energie unterbrochen, da der Regen die Temperatur des Bodens erniedrigt. Zusätzlich wird die Reibung des Landes wirksam. Der Hurrikan wird instabil. Dennoch reicht die Energie noch aus, um in küstennahen Gebieten verheerende Schäden und Überflutungen anzurichten.

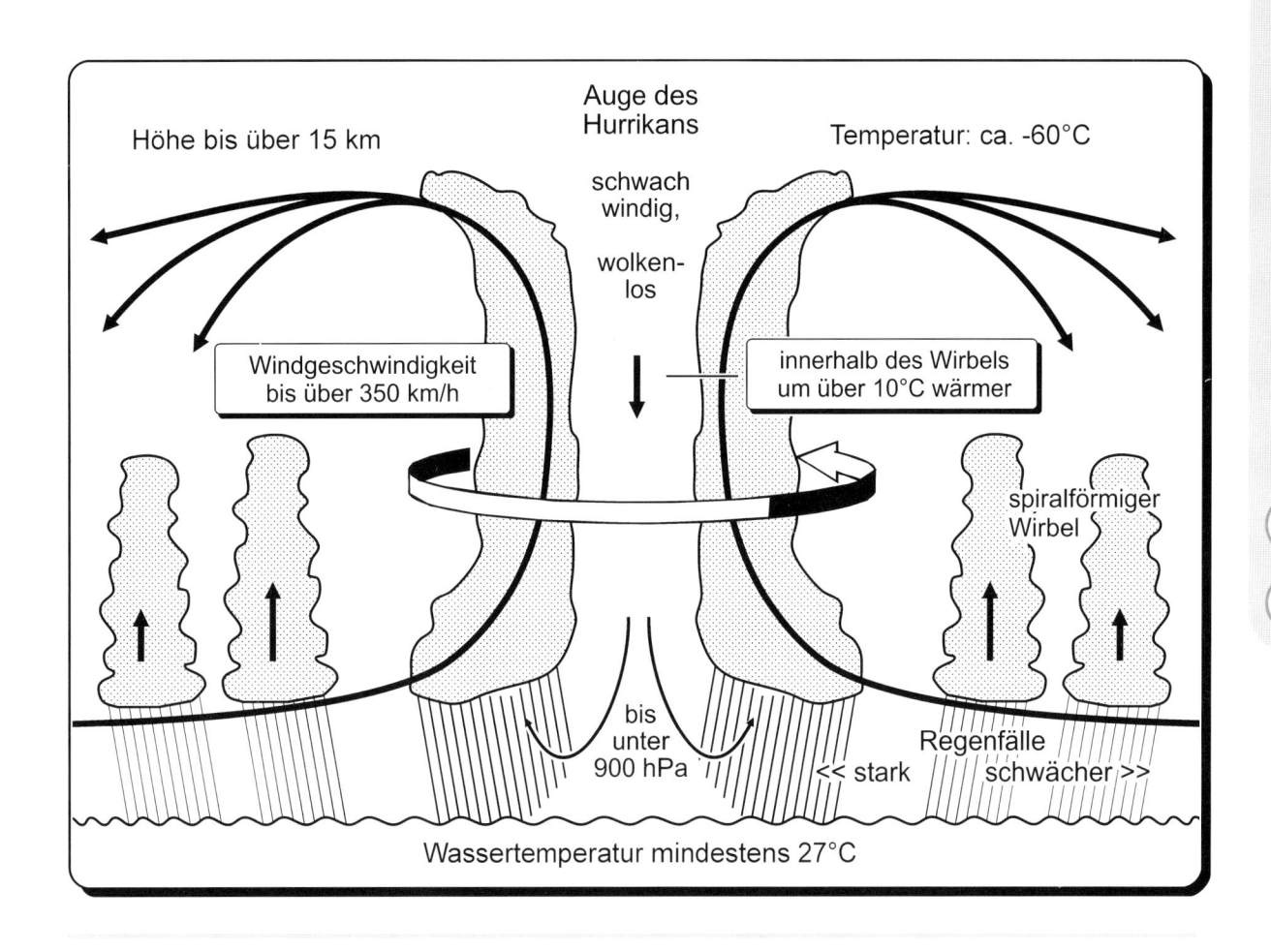

Hurrikans

Informationsblatt 2

2,5 Millionen Amerikaner fliehen vor Hurrikan „Floyd". Chaos total

Amerika erlebt die größte Massenevakuierung seiner Geschichte. 2,5 Millionen Menschen zwischen Florida und Virginia sind auf der Flucht vor „Floyd". Viele stranden auf der Straße, müssen im Auto übernachten, wie Ted und Angie Miller aus Charleston in South Carolina: „Wir sind gefahren und gefahren, doch die Motels waren bis hinter Atlanta ausgebucht."

Ed Rappaport hat viele Wirbelstürme gesehen. „Doch der ist ein Monster", meint der Meteorologe im National Hurricane Center von Miami, als „Floyds" Satellitenfoto auf dem Computerbildschirm erscheint. „Floyd" zählt zu den größten Hurrikans des Jahrhunderts. Deutschland mit 640 km Breite und 876 km Länge wäre unter „Floyd" komplett verschwunden.

Wie eine Riesenkrake streckt der Sturmkoloss seine Wolkenfühler mehr als 1 100 Kilometer über den Atlantik aus. Sein starres Auge fixiert die US-Ostküste wie ein Raubfisch seine Beute. Um „Floyds" Pupille toben Killerböen mit bis zu 350 Stundenkilometern.

Die bekamen vorigen Dienstag die Bahamas zu spüren. Dort legte er ganze Dörfer flach. Strom und Telefon sind unterbrochen. Zu einigen Inseln gibt es keinen Kontakt mehr. Nächste Station: USA. Irgendwo zwischen Florida und den Bundesstaaten North und South Carolina wird „Floyd" laut Computerprognose **eintreffen** und den flachen Küstenstreifen unter einer bis zu fünf Meter hohen Flutwelle begraben. Die NASA zittert um ihren Space-Shuttle. Disneyworld (in Orlando) schließt zum ersten Mal in 28 Jahren. Die Nationalgarde steht überall in Bereitschaft.

„Es wird sehr windig werden und Wolkenbrüche geben", warnt der US-Präsident und erklärt die bedrohten Regionen zum Notstandsgebiet.

Von der befürchteten Jahrhundertkatastrophe bleibt Amerika jedoch verschont. Als „Floyd" an Land zieht, hat er sich auf 175 Stundenkilometer abgeschwächt.

Zwar kamen zwölf Menschen ums Leben, wurden tausende von Häusern überflutet, sind zwei Millionen Haushalte ohne Strom: Gemessen an Killer-Hurrikans wie „Andrew" und „Hugo" aber hält sich der Schaden in Grenzen.

nach: FOCUS (1999), Nr. 38, S. 356

Die teuersten Hurrikans (Versicherungsschäden in US-Dollar):
- „Andrew", Aug. 1992   15,500 Milliarden
- „Hugo", Sept. 1989   4,195 Milliarden
- „George", Sept. 1998   2,900 Milliarden

Die tödlichen Hurrikans
- in Texas, 1900   10 000 Tote bei Skala 4
- in Florida, 1928   1 836 Tote bei Skala 4
- in New England, 1938   600 Tote bei Skala 3
- in Florida, 1935   408 Tote bei Skala 5

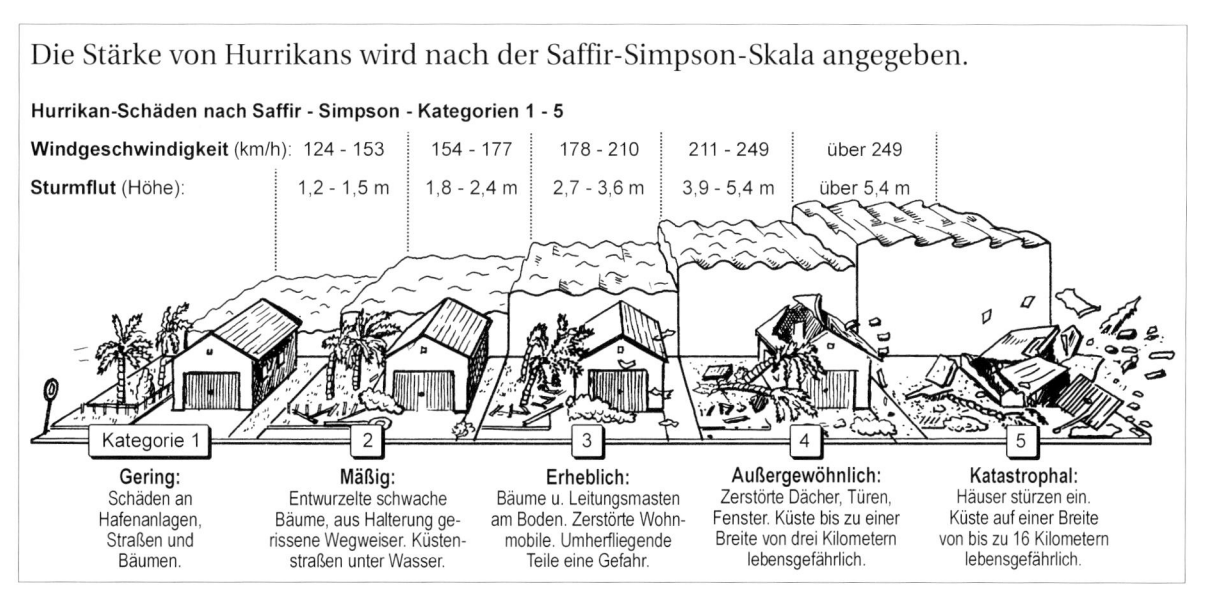

Die Stärke von Hurrikans wird nach der Saffir-Simpson-Skala angegeben.

Hurrikan-Schäden nach Saffir - Simpson - Kategorien 1 - 5

	Kategorie 1	2	3	4	5
Windgeschwindigkeit (km/h):	124 - 153	154 - 177	178 - 210	211 - 249	über 249
Sturmflut (Höhe):	1,2 - 1,5 m	1,8 - 2,4 m	2,7 - 3,6 m	3,9 - 5,4 m	über 5,4 m

- **Kategorie 1 – Gering:** Schäden an Hafenanlagen, Straßen und Bäumen.
- **2 – Mäßig:** Entwurzelte schwache Bäume, aus Halterung gerissene Wegweiser. Küstenstraßen unter Wasser.
- **3 – Erheblich:** Bäume u. Leitungsmasten am Boden. Zerstörte Wohnmobile. Umherfliegende Teile eine Gefahr.
- **4 – Außergewöhnlich:** Zerstörte Dächer, Türen, Fenster. Küste bis zu einer Breite von drei Kilometern lebensgefährlich.
- **5 – Katastrophal:** Häuser stürzen ein. Küste auf einer Breite von bis zu 16 Kilometern lebensgefährlich.

Wirbelstürme in den USA — Arbeitsblatt

❶ Werte die Informationen über Tornados und Hurrikans in den USA aus und ergänze folgenden Vergleich:

Kategorie	Tornados	Hurrikans
Verbreitung in den USA		
Zeitliches Auftreten		
Ausdehnung und Windgeschwindigkeit des Wirbelsturmes		
Lebensdauer		
Entstehungsvoraussetzungen		
Auswirkungen		

America's best idea

Thema

Die Nationalpark-Idee stammt aus den USA. In einen der 53 Nationalparks der USA sollt ihr eine virtuelle Reise unternehmen. Die Internetadresse lautet: http://www.nps.gov
Von dieser Seite aus gelangt ihr zu den verschiedenen Parks.
Wer keinen Internetzugang hat, erstellt mithilfe der Informationsblätter einen Steckbrief vom Yosemite Park.

Material

DIN A 3 Blatt für den Steckbrief
Liste der Parks
Internet oder Informationsseiten

Aufgabe

Jedes Team gestaltet einen Steckbrief zu einem Nationalpark in den USA.

Name:

Lage:

Gründungsjahr:

Leitidee des Parks:

Sehenswürdigkeiten:

Angebot für Touristen:

Aktivitäten:

Nationalparks

Arbeitsprotokoll

❶ Wählt einen Park für euren Steckbrief aus. Legt den Steckbrief nach dem Beispiel auf der Stationskarte an. Streicht auf dem Arbeitsprotokoll den Namen des Parks durch, zu dem ihr einen Steckbrief hergestellt habt oder ergänzt die Liste um den Namen des von euch ausgewählten Parks.

Liste der Nationalparks	Bearbeitet von …
❖ Arches National Parc (N. P.)	
❖ Badlands N. P.	
❖ Bryce Canyon N. P.	
❖ Canyonlands N. P.	
❖ Crater Lake N. P.	
❖ Death Valley. N. P.	
❖ Everglades N. P.	
❖ Glacier N. P.	
❖ Grand Canyon N. P.	
❖ Hawaii Vulcanos N. P.	
❖ Hot Springs N. P.	
❖ Mesa Verde N. P.	
❖ Mount Rainier N. P.	
❖ Rocky Mountains N. P.	
❖ Yellowstone N. P.	
❖ Yosemite N. P.	
❖ Zion N. P.	
❖	
❖	
❖	
❖	
❖	
❖	
❖	

Nationalparks

Informationsblatt

Cathrin: Hey Kelly, schön, dass du ein paar Minuten Zeit für mich hast. Ich finde, du hast einen tollen Job und dein Hut ist echt cool.
Kelly: Ja der Hut ist Teil meiner Uniform, die alle Parkranger tragen.
Cathrin: Was hat so ein Parkranger eigentlich für Aufgaben?
Kelly: Das ist ganz unterschiedlich, zum Beispiel betreuen wir die Besucher, organisieren Führungen und halten Vorträge über unseren Park. Wir stehen auch für alle organisatorischen Fragen bei der Planung von Wanderungen für die Touristen zur Verfügung. Unsere Hauptaufgabe ist aber für den Schutz der Tiere, Pflanzen und der Gesteine im Park zu sorgen. Es ist nämlich verboten, irgend etwas von hier mit zu nehmen.
Cathrin: Was machen denn die Besucher im Park so?
Kelly: Für die Touristen gibt es ganz viele Angebote im Park. Natürlich sind da die Informationszentren, in denen man sich über die Besonderheiten informieren kann. Die meisten Touristen kommen auch um zu wandern. Überall im Park gibt es Wanderwege und Zeltplätze, so dass man auch mehrtägige Touren unternehmen kann. Aber neben dem Wandern kann man noch Bergsteigen, Bootfahren, Angeln, Reiten und im Winter kann man Skilaufen und Motorschlitten fahren, je nach dem was im Park möglich ist. Hier im Yosemite Park kann man sogar Kletterkurse machen und die Kids lassen sich gerne in aufgeblasenen großen Reifen den Merced River hinunter treiben. Im Grand Canyon kann man z. B. Rafting Touren auf dem Colorado River unternehmen oder mit dem Hubschrauber in den Canyon fliegen.

Cathrin: Und wie kann man die Natur schützen z. B. die wilden Tiere, wenn lauter Touris in die Parks kommen und dort wandern?
Kelly: Ja, das ist natürlich ein Problem, aber es ist so, dass die meisten Sehenswürdigkeiten ganz nah an den Straßen liegen, die den Park erschließen. Die Touristen können also die Hauptsehenswürdigkeiten anfahren oder mit einem kurzen Spaziergang erreichen. Die Wildnis beginnt dann wenige 100 m abseits der Straße. In den Zentren sind alle Einrichtungen für die Touristen konzentriert wie Hotels, Restaurants, Shops, Campingplätze, Tankstellen. Das macht nur ca. 5 % der gesamten Parkfläche aus. An den Wanderwegen liegen nur einfache Zeltplätze. Trotzdem ist es an den Wochenenden und in der Hochsaison manchmal so voll, dass wir „Permits" für die verschiedenen Wildniswandertouren ausgeben, um die Zahl der Wanderer gering zu halten. Man kann sich seine Route im voraus reservieren lassen.
Cathrin: Und was sind die Attraktionen in eurem Park?
Kelly: Der Yosemite Park ist einer der berühmtesten Parks. Er liegt in der Sierra Nevada und ist ein Hochgebirgspark. Das Herz des Parks ist das Yosemite Valley. Es ist vom Gletscher ausgeschürft und die Granitwände, die das Tal säumen, sind 1000 m hoch und steigen senkrecht an. Berühmt sind auch die Wasserfälle und die vom Eis total glattgeschliffenen Bergdome. Im Südteil des Parks wachsen die berühmten Mammutbäume. Der höchste Baum ist der Grizzle Giant, der 63 m hoch ist und an der Basis einen Durchmesser von 9 m hat. Wenn du versuchst den Baum zu fotografieren, wirst du es kaum schaffen ihn ganz auf ein Bild zu kriegen. Man kann auch zahlreiche Tiere beobachten wie z. B. die Maultierhirsche. Nachts streichen manchmal Bären durch das Valley und die Campingplätze werden oft von Familie Waschbär aufgesucht. Wir haben deshalb für die Camper Metallboxen aufgestellt, damit sie ihre Lebensmittel vor den gefräßigen Bären schützen können. Übrigens – der Name des Parks Yosemite geht auf ein indianisches Wort der Miwok Indianer zurück, die hier lebten: ‚uzumatis' und übersetzt heißt es Grizzlybär.

Nationalparks

Informationsblatt

Cathrin: Ich habe gelesen, dass der erste Nationalpark weltweit der Yellowstone-Nationalpark war, der 1872 gegründet wurde, und dass es in Amerika heute 53 Nationalparks gibt. Die Idee hat sich über die ganze Welt verbreitet und in vielen Ländern findet man heute Nationalparks.

Kelly: Genau, aber wir in Kalifornien glauben, dass die Idee eines Nationalparks im Yosemite-Gebiet entstand. Hierher kamen schon 1855 die ersten Touristen und sie waren von der Landschaft fasziniert, berichteten davon und forderten ein Naturreservat. So unterzeichnete Präsident Lincoln 1864 ein Gesetz, das die rechtliche Herrschaft über das Yosemite Valley und die Mammutbäume dem Staat Kalifornien übertrug. Das Gesetz zur Schaffung des Yosemite Nationalparks wurde aber erst 1890 verabschiedet. An dieser Stelle sollte ich vielleicht John Muir erwähnen. Er war ein Naturforscher und Naturschützer und setzte sich unermüdlich für die Schaffung dieses Parks ein und so hat er wesentlichen Anteil an seiner Entstehung. Sein Ziel war es, die Mammutbäume vor dem Zugriff der Holzindustrie zu retten und das Gebiet vor den zerstörenden Übergriffen der Rinder- und Schafzüchter sowie der Erzsucher zu schützen. Außerdem kämpfte er gegen die Entstehung von Stauseen. Am Anfang gab es uns Parkranger übrigens noch nicht, sondern die Armee war zum Schutz da. Erst 1916 wurde der National Park Service gegründet, der für die Verwaltung der Parks bis heute sorgt. Heute geht das Aufgabengebiet weit über den Schutz der Natur hinaus, er umfasst das Management der Gebiete, die wissenschaftliche Grundlagenforschung für die Schaffung von Schutzgebieten und eben auch die Information der Besucher.

Cathrin: Sind alle Nationalparks weltweit dem National Park Service angeschlossen?

Kelly: Nein, weltweit hat sich eine eigene übergeordnete Organisation gebildet, die IUCN, d. h. International Union for Conservation of Nature and Natural Resources. Daneben hat jeder Staat seine nationalen Organisationen. Aber die IUCN hat 1969 in Neu Dehli eine international gültige Definition verabschiedet. Die kenne ich zwar nicht auswendig, aber sie steht hier in dieser Broschüre. Moment mal. Ein Nationalpark ist ein:

„Natürliches Landgebiet oder marines Gebiet, das ausgewiesen wurde um

a) die ökologische Unversehrtheit eines oder mehrerer Ökosysteme im Interesse der heutigen und kommenden Generationen zu schützen, um

b) Nutzungen oder Inanspruchnahme, die den Zielen der Ausweisung abträglich sind, auszuschließen und um

c) eine Basis für geistig-seelische Erfahrungen sowie Forschungs-, Bildungs- und Erholungsangebote für Besucher zu schaffen. Sie müssen umwelt- und kulturverträglich sein." (Fassung von 1994)

Cathrin: Ich hab jetzt Lust raus zu gehen. Kommst du mit und zeigst mir was?

Kelly: Ich begleite nachher eine Gruppe Touristen zum Bridalveil-Wasserfall. Komm doch einfach mit, dann können wir unterwegs noch weiter über den Park und meinen Job sprechen.

Ihr könnt zwar nicht mit auf diese Tour, aber wenn ihr die Möglichkeit habt, könnt ihr im Internet die verschiedenen Parks anklicken und eine virtuelle Wanderung durch die Parks machen. Die Adresse lautet:

http://www.nps.gov.

Von dieser Seite kommt ihr zu allen Parks der USA.

Go West

Thema — Die Besiedlung der USA

Material — Informationsblatt, Atlas

Aufgabe — Beantworte auf einem Extrablatt folgende Fragen:
① Was versteht man unter „Frontier"?
② In welcher Weise wurde die Frontier nach Westen verlegt?
③ Beschreibe den Verlauf der Frontier um 1800, 1860 und 1880.
④ Wo sind heute die Siedlungsgebiete der Indianer?

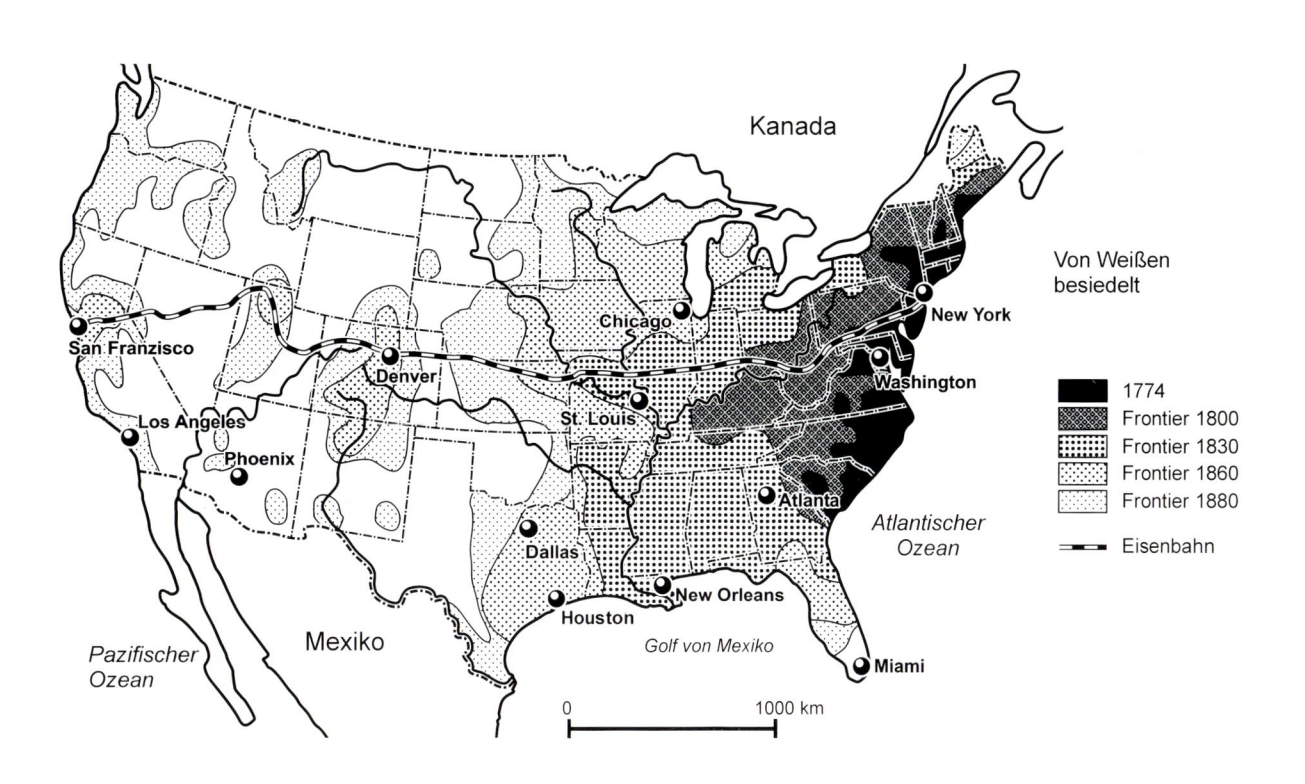

Von Weißen besiedelt:
- 1774
- Frontier 1800
- Frontier 1830
- Frontier 1860
- Frontier 1880
- Eisenbahn

Go West

Informationsblatt

Die Besiedlung der USA

Die europäischen Einwanderer besiedelten zunächst die atlantischen Küstenebenen. Die Appalachen bildeten ein erstes natürliches Hindernis. Die Kolonisten orientierten sich politisch und wirtschaftlich nach Europa.

Erst durch den Unabhängigkeitskrieg änderte sich die Blickrichtung. Die in der Verfassung 1787 garantierten Menschenrechte machten die USA zum freiesten Land der Welt. Infolge dessen setzte eine starke Einwanderungswelle aus dem unterdrückten Europa ein. Da man für die vielen Menschen Platz brauchte, verschob sich die Siedlungsgrenze, die Frontier, immer weiter nach Westen.

Die Squatter, Pionierfamilien, waren die Ersten, die in der Wildnis ein Stück Wald rodeten, eine Blockhütte bauten und sich fest niederließen. Zu größeren Konflikten mit den Indianern kam es erst, als die Rancher mit ihren Herden und nachfolgend die Farmer, die Ackerbau betrieben, das fruchtbare Land für sich beanspruchten.

Um 1850 war der Mississippi erreicht. Die Erschließung des Mittleren Westens erfolgte rasch.

Mit den Goldfunden in Kalifornien (1848) setzte der Goldrausch ein. Tausende von Goldsuchern und Siedlern zogen entlang weniger Trails über die Prärie und die Rocky Mountains. Die Indianer wurden in die öden Gebirge und die unfruchtbaren Trockenräume vertrieben.

1869 verband eine Eisenbahn Ost- und Westküste. Entlang dieser Bahnlinie wurde oft kostenlos Land an Siedler vergeben.

1890 erklärten die USA die Besiedlung des Westens für abgeschlossen. Es gab keine größeren unbesiedelten Gebiete mehr.

Sprechblase 1: In den USA werden die unveräußerlichen Menschenrechte garantiert: Alle Menschen sind von der Schöpfung her gleich und haben ein Recht auf Leben, Freiheit, Trachten nach Glück, Demokratie, Glaubensfreiheit, Rede- und Pressefreiheit, Versammlungsfreiheit, Tragen von Waffen, Sicherheit vor willkürlicher Verhaftung und Anspruch auf ein faires Gerichtsverfahren.

Sprechblase 2: Sind nur die Weißen Menschen?

This land is your land

Thema — Orientierung

Material — Arbeitsblatt, Atlas

Aufgabe — Informiere dich mithilfe des Atlas über die USA.

Woody Guthrie (1912 – 1967) zog als Wanderarbeiter durch die USA und schrieb über 1000 Folksongs. „This land is your land" ist der bekannteste und eine Art heimliche Nationalhymne der USA.

(This land is your land)

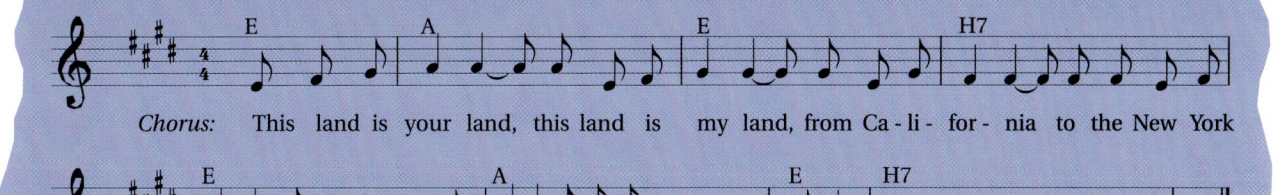

Chorus: This land is your land, this land is my land, from Ca-li-for-nia to the New York Island, from the Redwood Forest to the Gulf Stream waters, this land was made for you and me.

This land is your land, this land is my land,
From California to the New York Island,
From the Redwood Forest to the Gulf Stream waters,
This land was made for you and me.

As I went walking that ribbon of highway,
I saw above me that endless skyway,
I saw below me that golden valley,
This land was made for you and me.

I roamed and rambled, and I followed my footsteps,
To the sparkling sands of her diamond deserts,
All around me a voice was sounding,
This land was made for you and me.

When the sun came shining, then I was strolling,
And the wheat fields waving, and the dust clouds rolling,
A voice was chanting as the fog was lifting,
This land was made for you and me.

Woody Guthrie

Orientierungsdomino   Bastelbogen

Spielanleitung: (für 3 bis 5 Spieler)

Schneide die Dominokarten aus. Lege die Karten verdeckt und gemischt in die Mitte des Tisches. Jeder Mitspieler bekommt 5 Karten. Dann wird eine Dominokarte als Startkarte offen ausgelegt. Nun wird reihum im Uhrzeigersinn wie folgt angelegt:

| Idaho | Montana | oder | Pittsburgh | Ohio |

Anlegbar sind Begriffe, die zusammenpassen, wie z. B. zwei Nachbarstaaten, eine Stadt am ausgelegten Fluss, ein Fluss, der durch den ausgelegten Staat fließt u.s.w.. Wer nicht anlegen kann, muss eine Karte aus dem Vorrat ziehen und aussetzen. Sieger ist, wer alle Karten anlegen konnte.

Ohio	New Orleans	Nebraska	Iowa
Mississippi	Oberer See	Oregon	Virginia
Louisiana	Boston	Denver	Mississippi
Michigansee	Kentucky	Kaskadenkette	Pennsylvania
Eriesee	Yellowstone	Massachusetts	Atlanta
Cleveland	Ohio	Washington	North Carolina
Montana	Rio Grande	Rocky Mountains	Saint Paul
Washington	Arkansas	Illinois	Mount Elbert

Orientierungsdomino   Bastelbogen

Albuquerque	California	Colorado	Chicago
San Francisco	Texas	Arizona	Missouri
Sierra Nevada	Utah	Black Hills	Philadelphia
Salt Lake City	Columbia	Appalachen	Wyoming
Los Angeles	Oregon	New York	Alabama
Mount Rainier	New York	Miami	Georgia
Seattle	Arkansas	Florida	Hudson
Oklahoma	Memphis	San Diego	Illinois
Tennessee	Red River	Dallas	Colorado
Iowa	Phoenix	Tal des Todes (Death Valley)	Detroit
Houston	Michigan	New Mexico	Platte River
Grand Canyon	Texas	Nevada	Everglades

USA kreuz und quer — Arbeitsblatt

❶ Löse das Kreuzworträtsel.

❷ Die mit 1–15 markierten Buchstaben verraten dir, wer die Einwanderer in New York begrüßte.

1. Staat am Ohio und Staat in der Mitte
2. US-Geheimdienst
3. Nationalpark mit Geysiren
4. Hauptstadt von Massachusetts
5. Nationalgetränk der Amerikaner
6. Staat südlich des Michigansees
7. Hauptstadt der Spieler in Nevada
8. Stadt im Nordwesten
9. Staat im Nordwesten / Hauptstadt der USA
10. Tropischer Wirbelsturm
11. längster Fluss
12. einer der ältesten Staaten
13. Gebirge im Osten
14. Stadt am Michigansee
15. Nachbarland im Süden
16. einer der großen Seen
17. Fluss zum Mississippi
18. größter Staat der USA
19. Nachbarland im Norden
20. Kuhhirte
21. Bundespolizei
22. Staat mit großem Salzsee
23. Gewässer westlich von Kalifornien
24. Wirbelsturm mit Rüssel

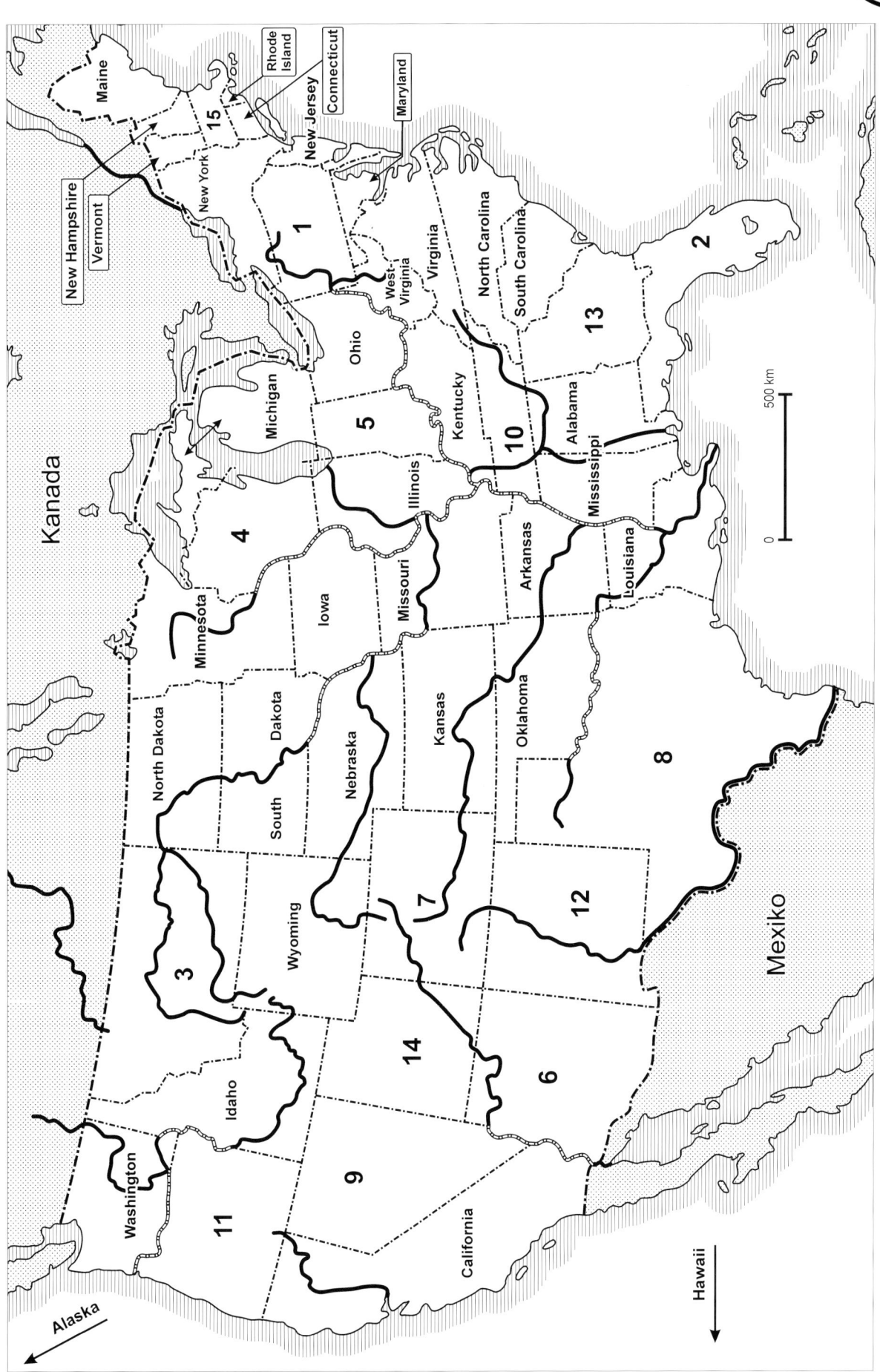

Staaten der USA

Arbeitsblatt a

Staaten der USA — Arbeitsblatt b

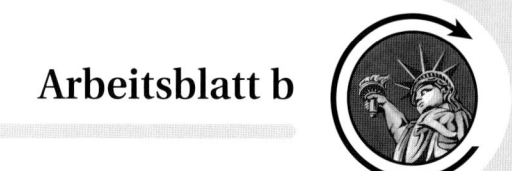

❶ In diesem Silbenrätsel sind 15 Staaten der USA versteckt. Finde sie heraus.

A – a – chu – co – Co – con – da – da – di – do – Flo – Ge – gia – gon – In – lo – Mas – Me – Mon – na – na –na – Ne – nes – New – nia – O – or – Penn – ra – re – ri – ri – sa – see – setts – sin – syl – ta – tah – Te – Ten – U – va – va – Wis – xas – xi – zo

Ordne den mit Zahlen gekennzeichneten Staaten in der Karte die gefundenen 15 Staatsnamen zu. Benutze den Atlas nur im Notfall.

Die dick umrandeten Felder ergeben von oben nach unten die Lösung, den Titel eines der berühmtesten Romane Amerikas, der auch überaus erfolgreich verfilmt wurde. Autorin: Margaret Mitchel (1900–1949)

1. ☐☐☐☐☐☐☐**☐**☐☐☐
2. ☐☐**☐**☐☐☐
3. **☐**☐☐☐☐☐☐
4. **☐**☐☐☐☐☐☐☐
5. ☐☐☐**☐**☐☐☐
6. ☐☐☐☐**☐**☐
7. ☐☐☐☐☐☐**☐**☐
8. ☐**☐**☐☐
9. ☐☐**☐**☐☐
10. ☐☐☐**☐**☐☐☐☐
11. ☐**☐**☐☐☐
12. ☐☐**☐**☐☐☐☐
13. ☐**☐**☐☐☐☐
14. ☐☐☐**☐**
15. ☐☐☐☐☐☐☐☐☐**☐**☐☐

Lösung: ☐☐☐ ☐☐☐☐☐ ☐☐☐☐☐☐☐

Townships and Sections

Thema — Der Mittlere Westen der USA ist geprägt von einer schachbrettartigen Landaufteilung.

Material — Arbeitsbogen, Atlas

Aufgabe — Informiere dich, wie es zu dieser quadratischen Landaufteilung gekommen ist und bearbeite die Aufgaben auf dem Arbeitsblatt.

Townships and Sections — Arbeitsblatt

❶ Auf welcher Quadratmeile einer township würdest du eine kleine Stadt mit zentralen Einrichtungen wie Geschäften, Schule und Kirche anlegen? Zeichne sie in Material 1 ein und begründe deine Entscheidung.

❷ Erkläre, weshalb die quartersections von den Farmern auf so unterschiedliche Weise genutzt werden (Material 2).

❸ Nenne einige Vor- und Nachteile dieses Siedlungsmusters.

❹ Selbst die Grenzen zwischen Bundesstaaten verlaufen in den USA schematisch in Nord-Süd bzw. West-Ost Richtung. Suche Beispiele im Atlas.

Die amerikanische Landvermessung

Ab 1861 wurde die Siedlungspolitik von der amerikanischen Regierung gelenkt. Das Land westlich des Mississipi wurde schematisch vermessen und ohne Rücksicht auf das Gelände schachbrettartig in Townships und Sections aufgeteilt. Präsident Lincoln legte 1862 in einem Gesetz fest, dass jeder männliche Staatsbürger über 21 Jahre eine Heimstätte (homestead) gegen eine geringe Gebühr erwerben dürfe. Voraussetzung war allerdings, dass er auf diesem Land 5 Jahre leben und es bearbeiten mußte. Während dieser Zeit durfte er das Land nicht wieder verkaufen.

Eine Heimstätte umfasste ein Viertel einer Section (= Quartersection) und entspricht einer Fläche von 64 Hektar.

Material 1: Das Schema der Landverteilung in den USA

1 township	=	36 section
1 section	=	1 x 1 mile
1 mile	=	1,6 km²
1 quartersection	=	64 ha
1 ha	=	10 000 m²

Material 2: Beispiel für die Landnutzung im Mittleren Westen

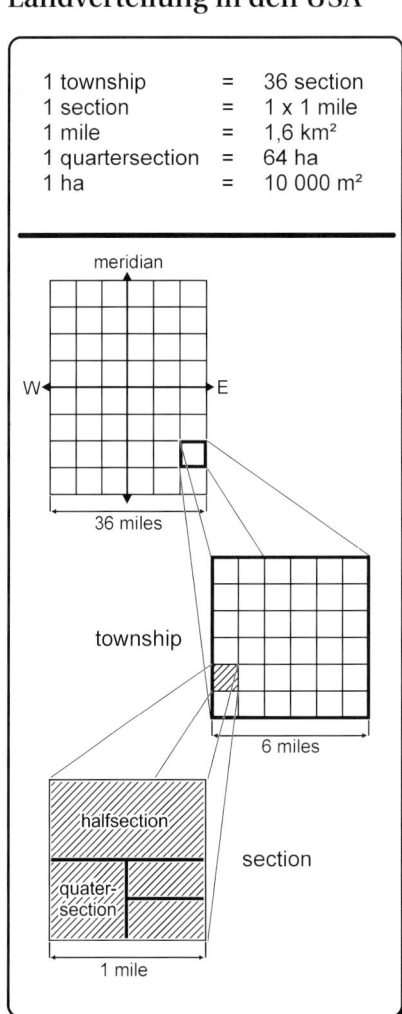

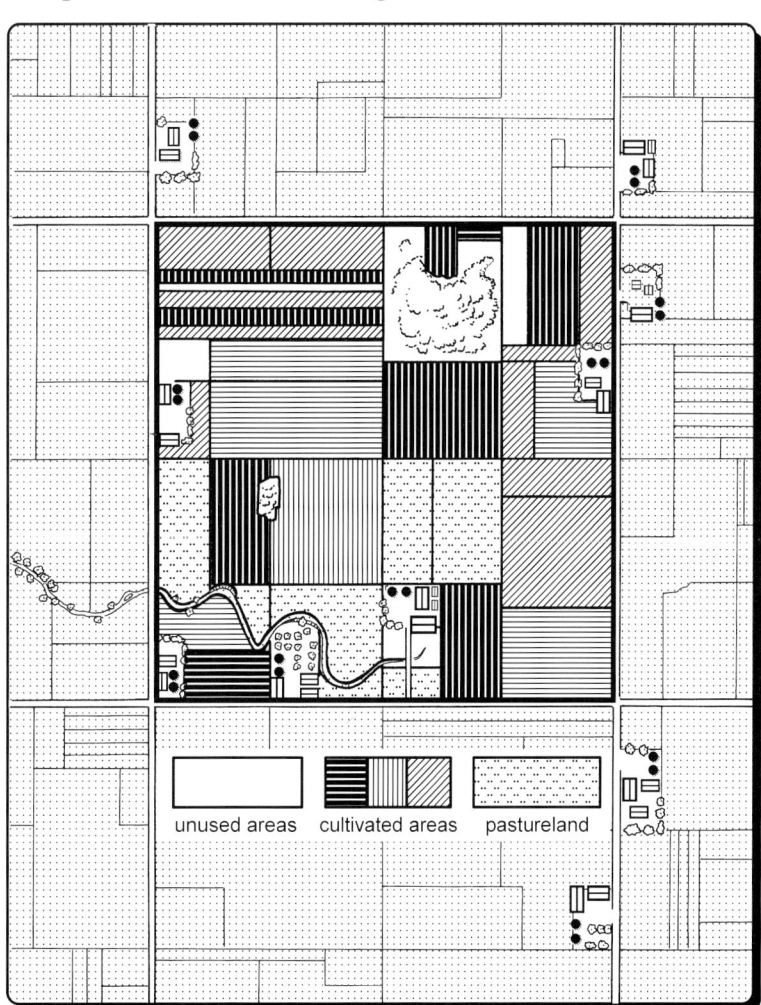

unused areas — cultivated areas — pastureland

Die USA – ein Einwanderungsland

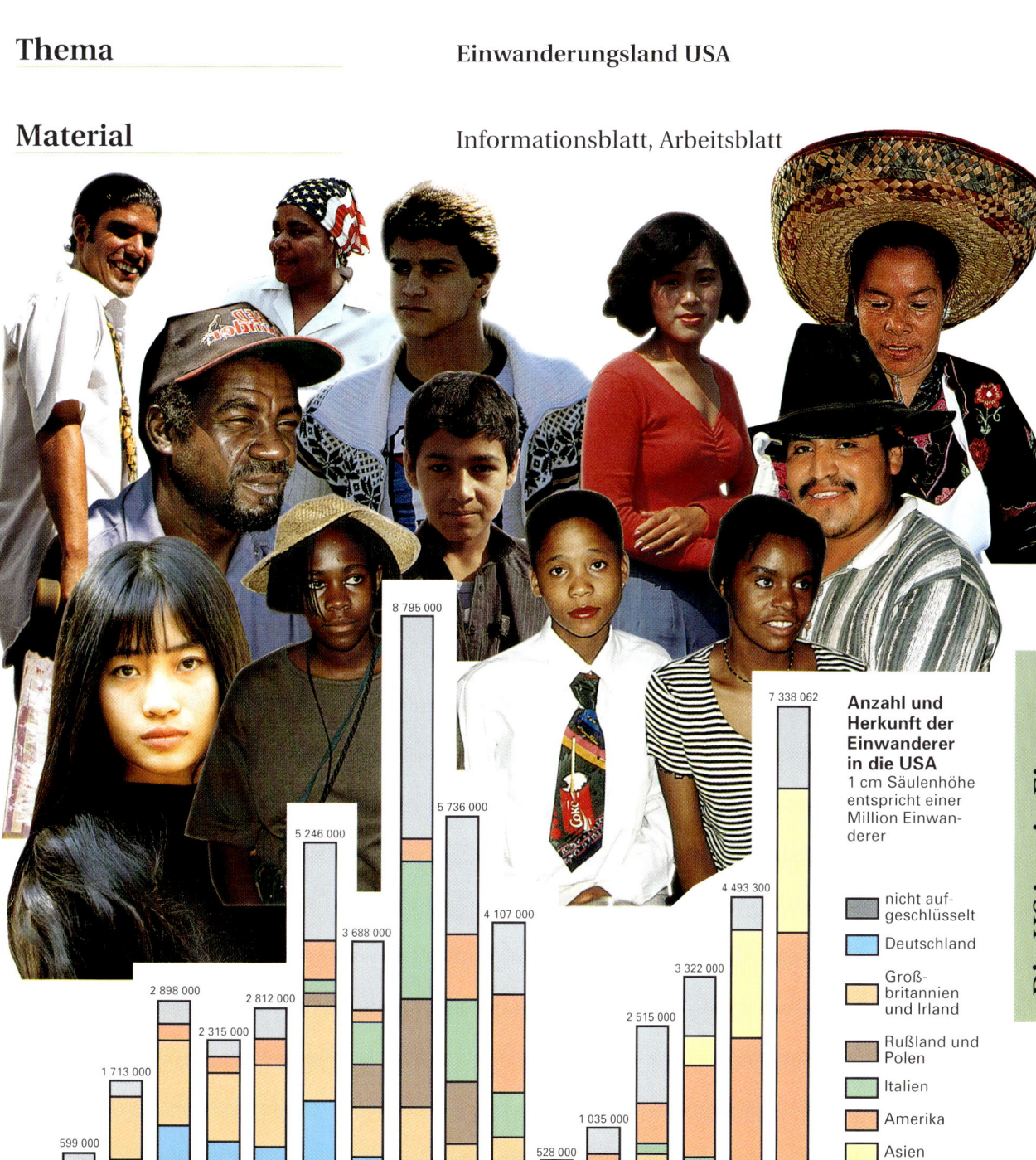

Thema Einwanderungsland USA

Material Informationsblatt, Arbeitsblatt

Anzahl und Herkunft der Einwanderer in die USA
1 cm Säulenhöhe entspricht einer Million Einwanderer

- nicht aufgeschlüsselt
- Deutschland
- Großbritannien und Irland
- Rußland und Polen
- Italien
- Amerika
- Asien
- Sonstige

Zeitraum	Einwanderer
1821–1830	152 000
1831–1840	599 000
1841–1850	1 713 000
1851–1860	2 898 000
1861–1870	2 315 000
1871–1880	2 812 000
1881–1890	5 246 000
1891–1900	3 688 000
1901–1910	8 795 000
1911–1920	5 736 000
1921–1930	4 107 000
1931–1940	528 000
1941–1950	1 035 000
1951–1960	2 515 000
1961–1970	3 322 000
1971–1980	4 493 300
1981–1990	7 338 062

Die USA – ein Einwanderungsland

Die USA – ein Einwanderungsland — Arbeitsblatt

❶ Anzahl und Herkunft der Einwanderer in die USA
Ergänze die Grafik für den Zeitraum 1991–2000.

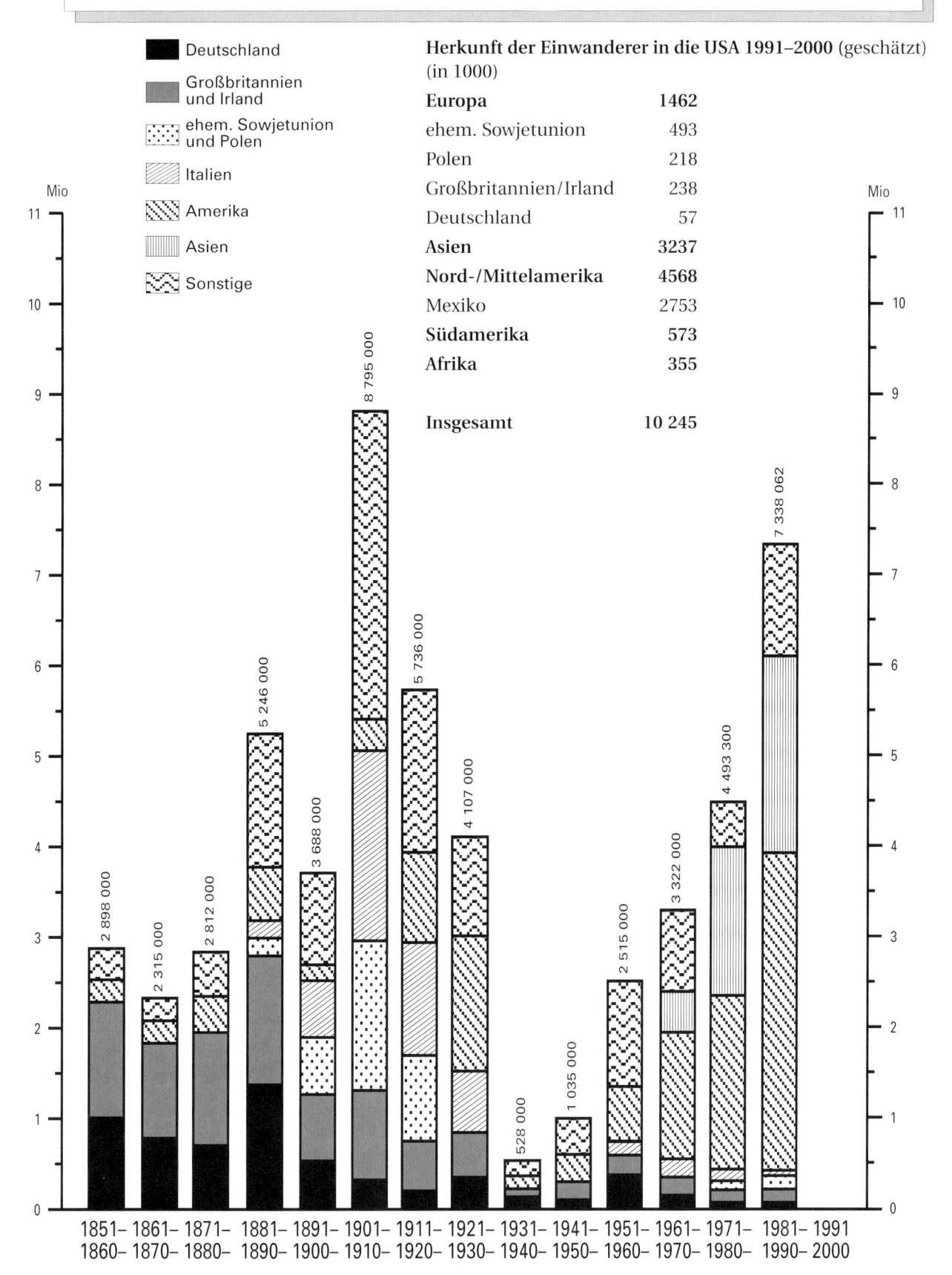

Legende:
- Deutschland
- Großbritannien und Irland
- ehem. Sowjetunion und Polen
- Italien
- Amerika
- Asien
- Sonstige

Herkunft der Einwanderer in die USA 1991–2000 (geschätzt) (in 1000)

Europa	1462
ehem. Sowjetunion	493
Polen	218
Großbritannien/Irland	238
Deutschland	57
Asien	3237
Nord-/Mittelamerika	4568
Mexiko	2753
Südamerika	573
Afrika	355
Insgesamt	10 245

Werte im Balkendiagramm (Mio):

- 1851–1860: 2 898 000
- 1861–1870: 2 315 000
- 1871–1880: 2 812 000
- 1881–1890: 5 246 000
- 1891–1900: 3 688 000
- 1901–1910: 8 795 000
- 1911–1920: 5 736 000
- 1921–1930: 4 107 000
- 1931–1940: 528 000
- 1941–1950: 1 035 000
- 1951–1960: 2 515 000
- 1961–1970: 3 322 000
- 1971–1980: 4 493 300
- 1981–1990: 7 338 062
- 1991–2000: —

1/2

Die USA – ein Einwanderungsland   Arbeitsblatt

❶ Erkläre, weshalb die USA ein bevorzugtes Einwanderungsland waren.

❷ Fasse die wichtigsten Aussagen des Diagramms in einem Text zusammen.

bis 1910: _____

1911–1950: _____

ab 1950: _____

❸ Überprüfe, ob man heute noch von einem „Melting pot USA" sprechen kann.

Seit dem 18. Jahrhundert haben Millionen Menschen Europa verlassen. Sie flohen vor Hungersnöten, Kriegen, vor der Armut sowie vor religiöser und politischer Verfolgung. Sie hofften auf ein besseres Leben in den USA. Dort, im „Land der unbegrenzten Möglichkeiten", brauchte man Bauern, Handwerker, Industriearbeiter und Unternehmer. Hier, hieß es, könnte jeder seinen Lebenstraum verwirklichen. Nicht soziale Herkunft, sondern nur die eigene Tüchtigkeit waren ausschlaggebend für den Erfolg, jedermann stand der Weg zum Wohlstand offen.

Die europäischen Einwanderer fügten sich schnell in die Gesellschaft ein, heirateten untereinander und gaben ihre eigene Sprache auf. Die USA förderten diesen Prozess, indem sie sich selbst als Schmelztiegel (melting pot) verstanden, in dem die unterschiedlichen Rassen, Kulturen und Religionen zu einer neuen amerikanischen Gesellschaft verschmolzen. Allerdings gestaltet sich die Integration der ehemaligen Sklaven aus Afrika und der Indianer sehr schwierig.

1965 änderten die USA ihre Einwanderungspolitik. Einwanderer aus Europa wurden nicht mehr bevorzugt. Hunderttausende aus den armen Ländern Asiens und Lateinamerikas bewarben sich um die Greencard, die Einwanderungs- und Arbeitsgenehmigung.

1995 wurden acht Millionen Greencards beantragt, aber nur 55 000 ausgegeben. Viele, die keine Greencard erhielten, versuchten illegal einzuwandern, entweder indem sie den Rio Grande durchschwammen oder über den Metallzaun an der Grenze zu Mexiko kletterten.

In den südlichen Staaten bilden die Spanisch sprechenden Einwanderer, Hispanics oder Latinos genannt, eine bedeutende Minderheit. Selbstbewusst fordern sie zweisprachige Schulen und verlangen die Anerkennung von Spanisch als zweite offizielle Landessprache. Inzwischen senden die Fernsehstationen im Süden spanische Programme.

Auch die Mehrheit der Ostasiaten will sich nicht „verschmelzen" lassen. Die Chinesen leben in eigenen Stadtvierteln, Chinatowns, und haben ihren eigenen Lebensstil bewahrt. Chinesen, Koreaner und Japaner gelten jedoch als sehr tüchtig und werden deshalb eher von den weißen Amerikanern akzeptiert als die Latinos.

The Sound of America

Thema Ethnische Einflüsse in der modernen Unterhaltungsmusik der USA

Material Arbeitsbogen, CD

Aufgabe Entdecke die Vielfalt in der US-amerikanischen Musik.

The Sound of America — Arbeitsblatt

> **❶** Einwanderer aus den verschiedenen Nationen haben auch ihre eigene Musik in die USA mitgebracht. Teilweise haben diese Musikstile die moderne US-amerikanische Unterhaltungsmusik beeinflusst.
>
> Höre die CD und ordne die unterschiedlichen Musikrichtungen den Regionen (siehe Karte) zu.

	Gruppe	Titel	Musikstil
1.	Beach Boys	I can hear music	West Coast Surf-Sound
2.	Calexico	Minas de Cobre	Tex Mex
3.	Iron City Houserockers	This time the night	Rock
4.	John Denver	Country roads	Country
5.	Willy DeVille	Demasiado corazon	Hispanic Music
6.	Kurtis Blow	The Deuce	Rap
7.	John Lee Hooker	Hobo Blues	Blues
8.	Mink DeVille	Mazurka	Cajun
9.	Ozark Mountain Daredevils	Standin' on the Rock	Country
10.	The Fearesome Brave	Yeha Noha	Native American Music
11.	Louis Armstrong	When the Saints go…	Jazz

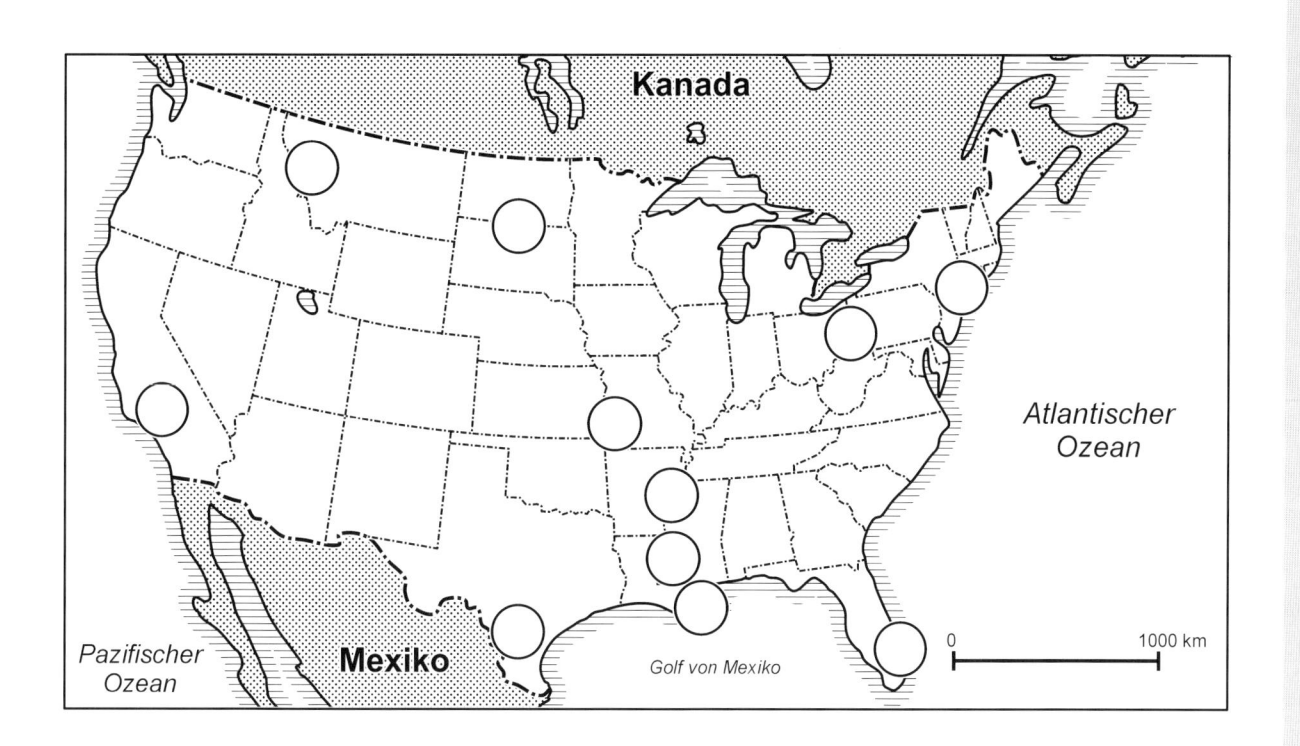

Black America

Thema — Die Lebenssituation der schwarzen Amerikaner

Material — 2 Arbeitsblätter, Wörterbuch

Aufgabe — Untersuche die Lebenssituation der Schwarzen in den USA.

Heruntergekommenes Harlem: *Fast jede Nacht Schießereien*

Renoviertes Harlem: „*Block für Block wieder aufgebaut*"

Black America — Arbeitsblatt

1 Lies die verschiedenen Stimmen aus New York.
Fasse die Lebenssituation der Schwarzen zusammen.

Donna Hampton, 15:
Ich gehe gern in die Schule und pauke für einen guten Abschluss, für eine bessere Zukunft. Ich will raus hier. Sieh dich um, hohe Arbeitslosigkeit, keine Perspektive, verkommene Häuser. Weil niemand mehr Mieten zahlen kann, lassen die Hausbesitzer nichts reparieren, alles verfällt. Die Lebensbedingungen sind denkbar schlecht. Viele Kinder sind krank, haben keinen sicheren Platz zum Spielen. Im Ghetto herrscht Gewalt, letzten Monat haben sie nachts in unser Fenster geschossen. Niemand schützt dich. Überall Kriminalität, Alkohol, Drogen und Prostitution.

Marvin Williams, 28:
Wir erleben den Aufbruch in die Zukunft. Kirchliche und gemeinnützige Vereine kaufen verlassene Häuserblocks auf, sanieren sie und verkaufen oder vermieten die Wohnungen im Selbstkostenpreis an Menschen aus der Nachbarschaft. Wir organisieren einen Sicherheitsdienst rund um die Uhr in unseren Straßen, wir dulden hier keine Gangs. An der High-School bieten junge Lehrer an sieben Tagen in der Woche kostenlos Jobtraining, Computer- und Internetkurse, Tanz, Musik, Theater und Sport an. Wir holen die Kids von der Straße und bieten ihnen eine Perspektive. Harlem steckt voller Talent und Unternehmergeist, was jahrzehntelang vernachlässigt wurde. Wir bauen Harlem Block für Block wieder auf.

Darrin Clay, 17:
Wenn du jung und schwarz bist, kriegst du keinen Job, hast du keine Rechte. – Die Bronx ist die Hölle – nur die Starken überleben. – Unsere Gang, das sind die Blackdogs, wir beherrschen hier zwei Straßen – das Revier ist mit Graffitis abgesteckt. – Klar hab ich 'ne Knarre, die brauchst du hier, besonders nachts – na, vielleicht jetzt nicht mehr, jetzt ist Frieden mit den Potheads – das is 'ne Latinogang, echt miese Typen – aber statt Krieg gibt's jetzt Breakdance und Rap – klar, sind wir die Besseren, wir zeigen denen was wir drauf haben …

Hilda Joyner, 23:
Ich muss meine beiden Kinder allein erziehen. 0 % aller schwarzen Kinder wachsen ohne Vater auf. Maximal fünf Jahre bekommt man staatliche Hilfe. Wir kriegen 565 $ im Monat und sind krankenversichert. Ich brauche dringend einen guten Job, der so viel einbringt, dass in zwei Monaten läuft die Unterstützung aus. Ich brauche fürs Leben, die Versicherungen, den Kinderhort und die Fahrtkosten zum Job ausreicht. Aber hier im Viertel gibt es solche Jobs nicht. Zum Glück konnte ich im letzten Jahr meinen Schulabschluss nachholen, vielleicht hilft mir das weiter.

Lon Davies, 45:
Erst 1964 wurde die Diskriminierung der schwarzen Bevölkerung im öffentlichen Leben und im Berufsleben per Gesetz abgeschafft. Trotzdem bestehen auch heute noch große wirtschaftliche Unterschiede zwischen schwarzen und weißen Amerikanern. Meiner Familie geht es gut, wir gehören zum schwarzen Mittelstand. Ich bin Banker, meine Frau arbeitet bei einer Versicherung, unsere drei Kinder besuchen eine gute High-School. Wir leben im eigenen Haus in der Suburb, mit unseren weißen Nachbarn verstehen wir uns gut.

Black America

Arbeitsblatt

❶ Untersuche die Grafiken. Vergleiche die Lebensbedingungen der Schwarzen und Weißen:
  a) Schulbildung und Familie
  b) wirtschaftliche Situation

❷ Vergleiche die Situation in den Stadtteilen Central Harlem und Upper Eastside.

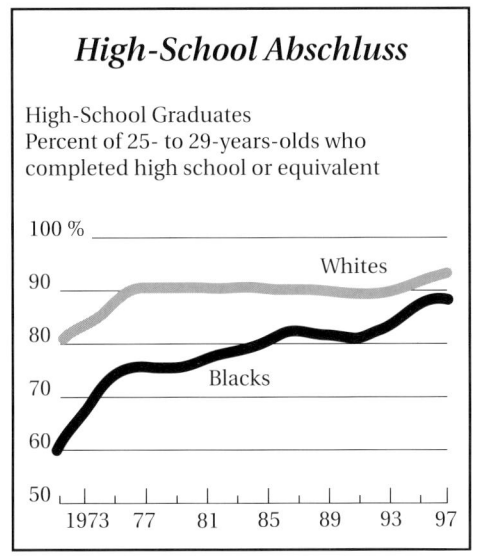

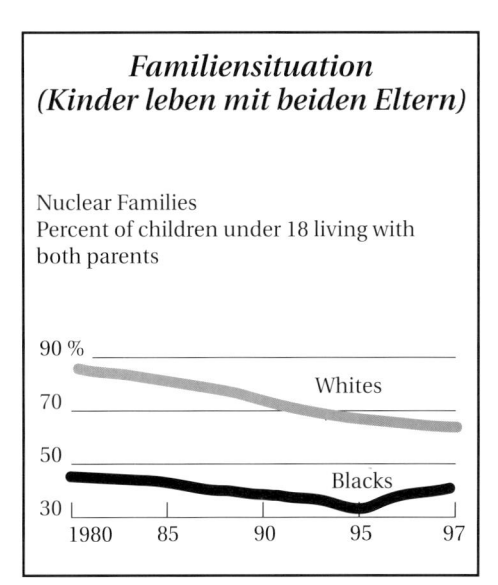

High-School Abschluss

High-School Graduates
Percent of 25- to 29-years-olds who completed high school or equivalent

(Liniendiagramm: Whites ca. 80 % (1973) → über 90 % (1997); Blacks ca. 60 % (1973) → ca. 87 % (1997))

Familiensituation (Kinder leben mit beiden Eltern)

Nuclear Families
Percent of children under 18 living with both parents

(Liniendiagramm: Whites ca. 83 % (1980) → ca. 65 % (1997); Blacks ca. 42 % (1980) → ca. 35 % (1997))

Durchschnittlicher Wochenlohn (in $)

Median weekly earnings for workers 15 and older

Male	1990	1993	1997
Blacks	303	311	348
Whites	499	469	502

Female	1990	1993	1997
Blacks	196	203	250
Whites	243	240	265

Straftäter

Offenders
Rate per 100,000

(Liniendiagramm: Blacks schwankend um 30–50 %; Whites nahe 0)

Mordopfer

Homicide victims
Rate per 100,000

(Liniendiagramm: Blacks schwankend um 30–40 %; Whites nahe 0)

Social situation in Manhattan (1993)

	Manhattan (total)	District Central Harlem	District Upper Eastside
population	1,487,538	99,519	210,888
ethnic groups (%)			
– whites	49	2	87
– blacks	18	87	3
– Hispanics	26	10	6
– Asians	7	-	4
female head of the household with children (%)	8	21	2
single household (%)	49	44	54
college/university degree (over 25) (%)	68	56	92
average household budget/year (US-$)	32,300	13,300	53,000
unemployment (%)	8	18	4
welfare receivers (%)	20	44	3

New York – New York

Thema — Die nordamerikanische Stadt

Material — Atlas, Arbeitsblatt

Aufgabe — Löse die Aufgaben auf dem Arbeitsblatt.

New York – New York

Arbeitsblatt

a) Vergleiche die Silhouette einer europäischen Stadt mit der einer nordamerikanischen Stadt. (1)

b) Beschreibe die beiden Fotos (2) von New York und ordne sie den Stadtbereichen der nordamerikanischen Stadt zu.

c) Beschreibe die Bevölkerungsentwicklung in der City und dem gesamten Stadtgebiet von New York (3). Versuche die unterschiedlichen Entwicklungen zu erklären.

1: Schematische Darstellung einer europäischen und einer nordamerikanischen Stadt

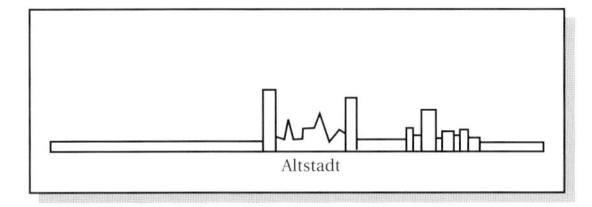

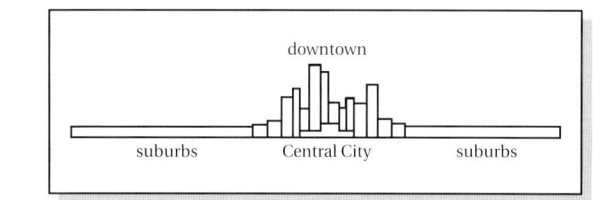

2: Zwei Gesichter von New York

3: Bevölkerungsentwicklung in New York (in 1000)

	Stadtzentrum	Ballungsraum
1950	7,892	9,559
1960	7,782	10,695
1970	7,896	11,572
1980	7,072	14,895
1990	7,324	17,967
1992	7,312	18,094

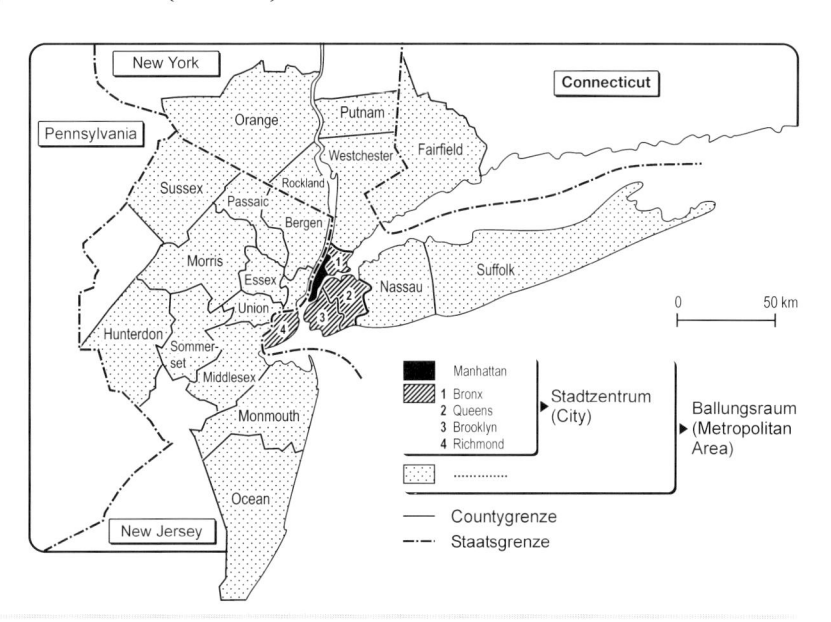

A North American City

Thema Die Entwicklung einer nordamerikanischen Stadt

Material Fotos, Arbeitsblätter

Aufgabe Beantworte die Fragen auf den Arbeitsblättern.

Vergleiche die Fotos und ordne sie den auf den Karten von 1–10 nummerierten Teilen der Stadt zu (Kennzeichnung am Rand.) Setze die Buchstaben in der Reihenfolge der Bilder zusammen. Es ergibt sich ein Lösungssatz.

TH

CI

PS

NE

Die Entwicklung einer Nord-Amerikanischen Stadt

Informationsblatt

SL

THE

AT

TY

VER

EE

Die Entwicklung der amerikanischen Stadt (Teil I)   Arbeitsblatt

❶ Warum gibt es im CBD so viele Wolkenkratzer?

❷ Aus welchen Gründen ziehen die Mittelklasse-Familien in die Suburbs?

❸ Nenne wichtige Voraussetzungen für die Entstehung der Suburbs.

❹ Mit welchen Problemen ist das Leben in den Suburbs verbunden?

❺ Nenne Gründe für die Entstehung von Ghettos und Slums in der Innenstadt.

Die Situation 1960

Die amerikanischen Städte sind gewöhnlich schachbrettartig angelegt. Ausgehend von der „Mainstreet" verlaufen die „Avenues" in Nord-Süd-Richtung und die „Streets" in West-Ost-Richtung. Sie werden einfach durchnummeriert. Im Stadtzentrum (Downtown) liegt das Hauptgeschäftszentrum (Central Business District) mit vielen Wolkenkratzern. Hier befinden sich Firmenverwaltungen, Banken, Versicherungen, Anwaltsbüros, teure Geschäfte und Restaurants. Normalerweise gibt es hier keine Wohnungen.

Um das Zentrum befindet sich ein Gebiet mit überwiegend älteren zwei- bis sechsstöckigen Gebäuden: Wohnhäuser, Geschäfte, öffentliche Einrichtungen, ältere kleinere Industriebetriebe und Gewerbe. Seit den 50er-Jahren wanderten Weiße mit höherem Einkommen in die Suburbs ab. Ärmere Schwarze und Hispanics zogen in die frei gewordenen Wohnungen. Da sie nur wenig Miete zahlen konnten, ließen die Hausbesitzer die Häuser verfallen. Slums entstanden.

Für die Suburbs sind Einfamilienhäuser mit Garage und Garten typisch. Hier leben und schlafen die Menschen, zur Arbeit und zum Einkaufen pendeln sie in die Innenstadt. Weil sie dazu meist das eigene Auto benutzen, kommt es zu den Hauptverkehrszeiten oft zu langen Staus.

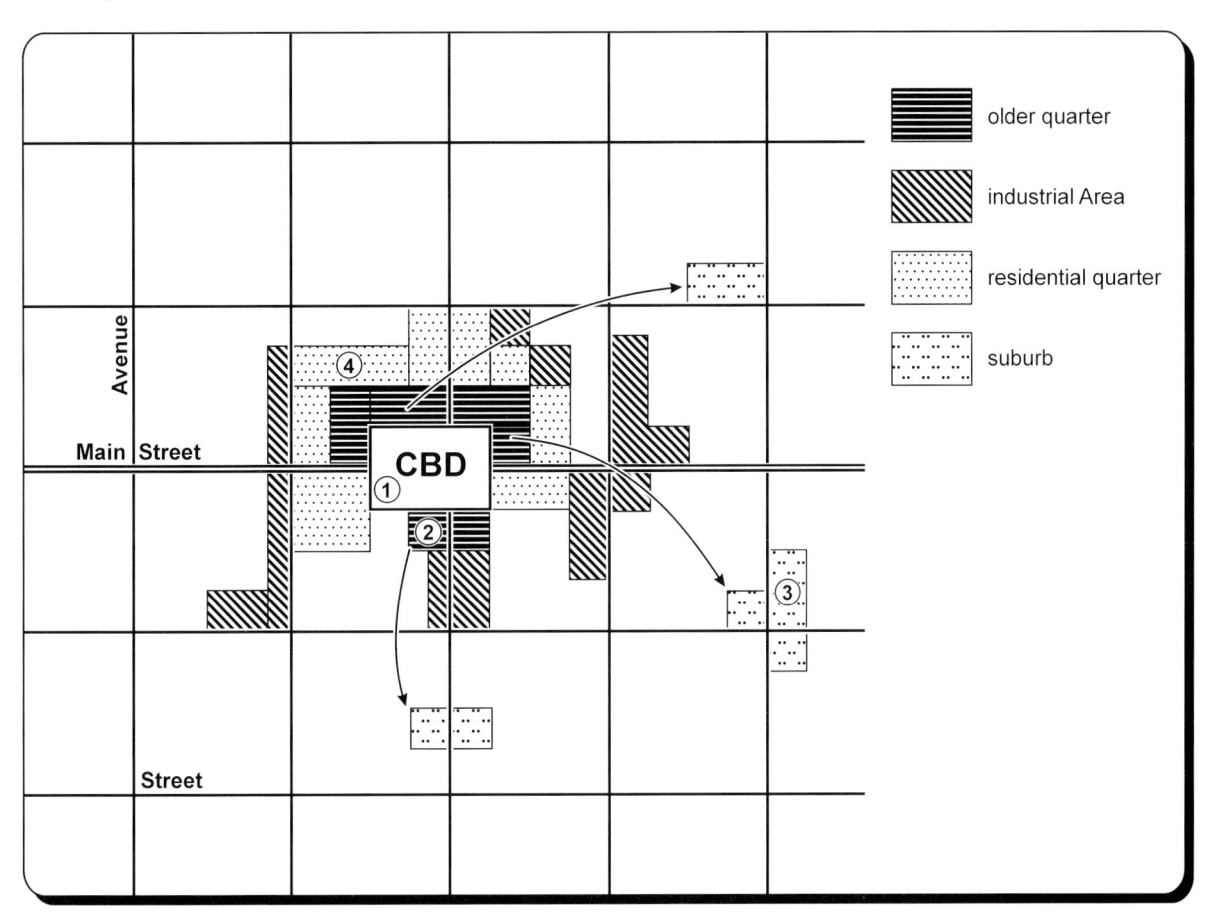

Legende:
- older quarter
- industrial Area
- residential quarter
- suburb

Die Entwicklung der amerikanischen Stadt (Teil II)   Arbeitsblatt

❶ Nenne Gründe für die Entwicklung der „Commercial strips" entlang der Hauptstraßen zur Innenstadt.

❷ Erkläre den Begriff „Mall".

❸ Welche Auswirkungen haben die „Commercial Strips" und „Malls" auf die Geschäfte in der Innenstadt?

❹ Erkläre welche Chancen sich aus den heute niedrigen Grundstückspreisen in der Innenstadt ergeben.

Heutige Situation

Zur bequemeren Versorgung der Menschen entstanden entlang der Hauptstraßen in die Innenstadt „Commercial strips" mit Supermärkten, Tankstellen, Möbelhäusern und verschiedenen Dienstleistungen. Die Suburbs breiteten sich stark in das ländliche Umland aus. Heute leben 50 % aller Amerikaner in Suburbs. „Die Suburb ist ein Ort des Rückzugs, die Schulen sind besser, die Luft ist sauberer und die Kriminalitätsrate ist niedriger", sagen die Bewohner.

Aufgrund des dramatisch anwachsenden Verkehrs wurde es notwendig, einen Autobahnring (Beltway) um die innere Stadt zu bauen. Dort entstanden Gewerbegebiete, die Business-Parks, mit moderner Industrie und Büros. Malls wurden an günstigen Standorten gebaut. Darunter versteht man überdachte Einkaufsstraßen mit Supermärkten und zahlreichen Läden, Banken, Restaurants, Dienstleistungen wie Frisöre und Freizeiteinrichtungen wie Fitness-Studios und Kinos. Da Malls nur mit dem Auto zu erreichen sind, sind sie von riesigen Parkplätzen umgeben.

Kleine Zentren mit allen benötigten Einrichtungen, sogenannte Edge Cities, entstanden in den Suburbs. Heute hat eine moderne amerikanische Stadt mehrere Zentren.

Die älteren Wohngebiete in der Innenstadt verfielen immer mehr. Viele Geschäfte zogen weg oder wurden aufgegeben. Viele Gebäude stehen leer und zahlreiche Grundstücke werden nicht mehr genutzt. Die Grundstückspreise sinken drastisch.

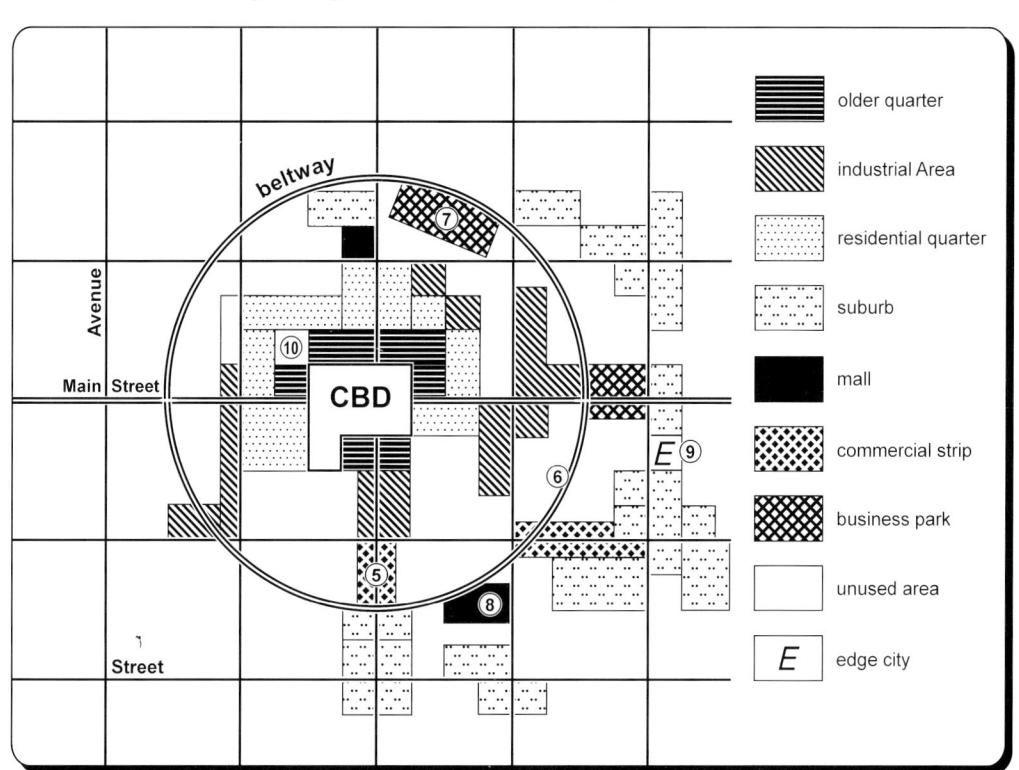

Die mit den Bäumen reden

Thema — Lebensweise der Indianer früher

Material — Informationsblätter, Ausschneidebögen, Atlas

Aufgabe

Arbeitsweise in Kleingruppen:

Informiert euch über Indianerstämme aus einem Lebensraum (Nordwestküste, Kalifornien, Großes Becken, Great Plains, Innere Ebenen, Trockengebiete im Südwesten, Wälder im Südosten oder Wälder im Nordosten).

Fertigt einen Steckbrief zu diesen Indianerstämmen an und klebt ihn an passender Stelle auf die Wandkarte.

Ergänzt den Steckbrief durch die Abbildungen (Ausschneidebogen), die zu diesen Völkern passen.

Die mit den Bäumen reden

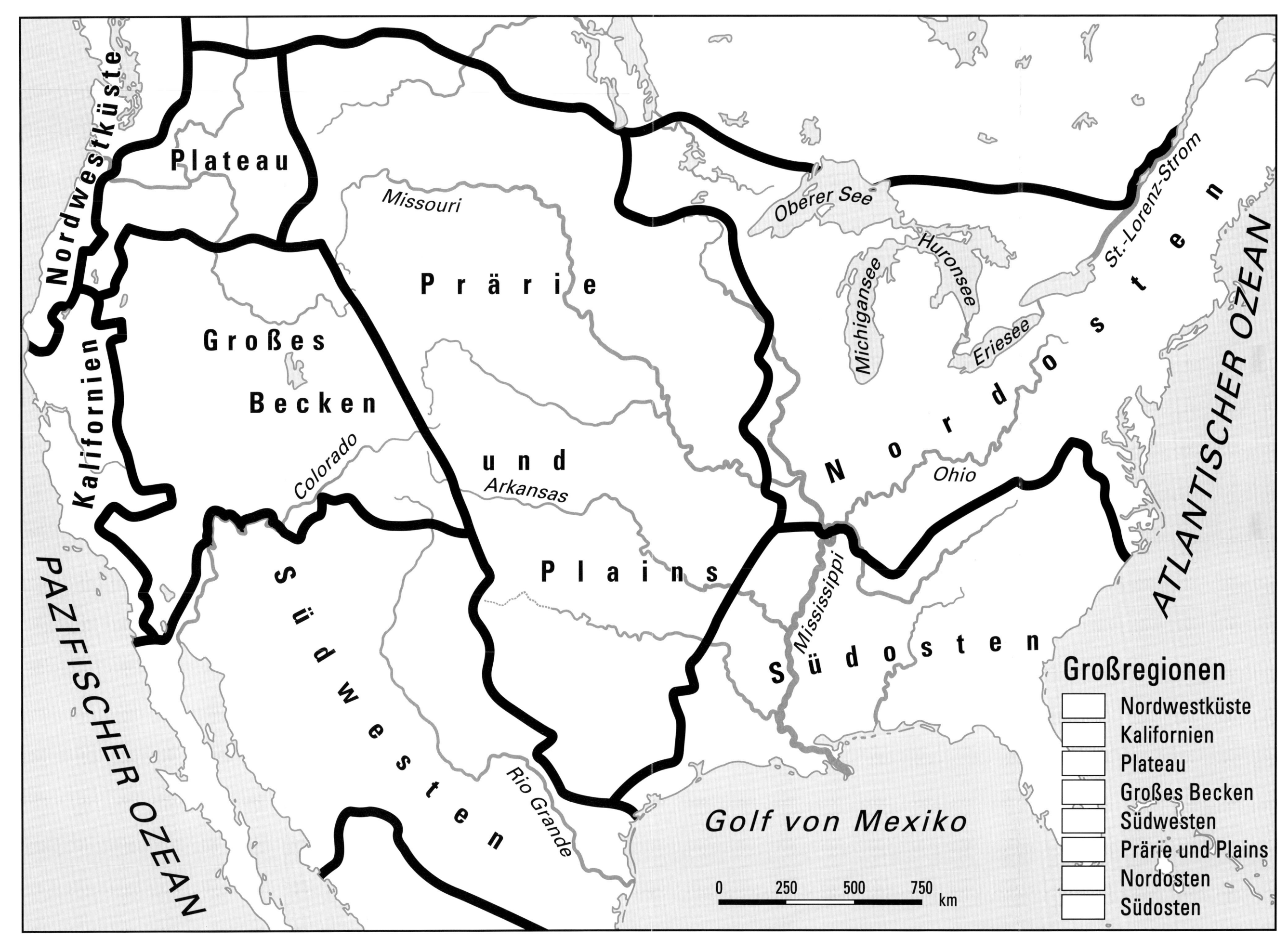

Nordwestküste · Kalifornien · Plateau · Großes Becken · Südwesten · Prärie und Plains · Nordosten · Südosten

Missouri · Oberer See · Michigansee · Huronsee · Eriesee · St.-Lorenz-Strom · Colorado · Arkansas · Ohio · Mississippi · Rio Grande

PAZIFISCHER OZEAN · ATLANTISCHER OZEAN · Golf von Mexiko

Großregionen
- Nordwestküste
- Kalifornien
- Plateau
- Großes Becken
- Südwesten
- Prärie und Plains
- Nordosten
- Südosten

0 – 250 – 500 – 750 km

Die mit den Bäumen reden — Arbeitsblatt

Steckbrief

Lebensraum und Klima:

Wichtige Stämme:

Lebensgrundlage:

Geräte:

Kleidung:

Behausung:

Fortbewegung:

Handwerk:

Aufgaben der Frau:

Aufgaben des Mannes:

Weitere kulturelle Besonderheiten:

Die mit den Bäumen reden

Informationsblatt

Die Waldindianer des Nordostens

Zwischen Mississippi und Atlantik und um die großen Seen erstreckten sich riesige Mischwälder, die den Indianern alles gaben, was sie zum Leben brauchten. Daher sahen sie sich als die Kinder des Waldes an. Sie siedelten meist entlang der Flüsse, auf denen sie mit Kanus aus Birkenrinde, die mit Lärchenwurzeln zusammengenäht wurden, weite Strecken zurücklegten. Diese Kanus waren sehr leicht und konnten daher von einem Mann von Fluss zu Fluss getragen werden.

Die hier siedelnden Stämme, wie die Huronen, Delaware, Illinois und Chippewa, lebten von dem, was die Natur ihnen bot: Fisch, Fleisch sowie Waldfrüchte. Hinzu kam ein wenig Ackerbau. Der mächtigste Stamm dieser Region waren die Irokesen, die als besonders kriegerisch galten. Bei ihnen war der Ackerbau schon weit entwickelt, Mais, Bohnen und Kürbisse bildeten die Grundlage ihrer Nahrung. Auch Popcorn stand bereits auf ihrem Speisezettel. Zur Bearbeitung des Bodens verwendeten sie den Grabstock, einen hölzernen Spaten oder eine Hacke, die aus dem Schulterblatt oder dem Geweih eines Hirsches gefertigt wurde.

Die Irokesen hatten bemerkenswerte politische Ideen: um Kämpfe untereinander zu vermeiden und im Kampf gegen Feinde stärker zu sein, schlossen sich die sprachverwandten Stämme der Mohawks, Oneidas, Onondagas, Cayugas, Senecas und Tuscaroras zum Irokesenbund zusammen. Als Urkunde für den Bund knüpfte man Wampums. Das sind Gürtel aus Muscheln, die in einem bestimmten Muster aufgefädelt wurden. Auch andere Verträge und Kriegserklärungen wurden bei diesen Stämmen üblicherweise so „niedergeschrieben". Muscheln dienten auch als Geld.

Irokesen lebten in Großfamilien in einem Langhaus. Familienoberhaupt war die Frau, ihr gehörte Haus, Boden und Ernte. Frauen leiteten auch die Clans (Zusammenschluss mehrerer Langhäuser) und wählten den von Männern gebildeten „großen Rat". Ohne ihre Einwilligung war kein Krieg möglich. Auch das Kochen, das Bestellen der Felder und die Kindererziehung war Frauenarbeit. Das Töten – und damit das Jagen und Bäume fällen – war Männersache, ebenso der Hausbau.

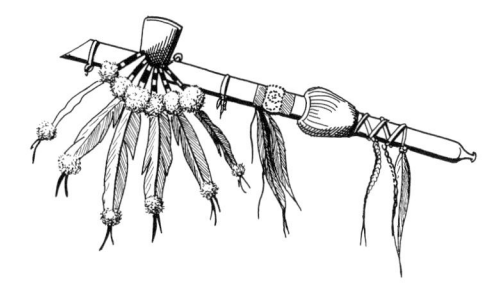

Die Irokesen lebten in Dörfern aus mehreren Langhäusern, die meist etwa 25 m lang und 5 m breit und hoch waren. Sie bestanden aus einem Holzgerüst, die Wände wurden aus Rinden und Bastmatten hergestellt. Darüber fand sich ein Rund- oder Giebeldach. Durch Ledervorhänge wurden die Langhäuser rechts und links des Mittelganges in Räume unterteilt, in denen je eine Familie lebte. Im Mittelgang brannte zwischen zwei Räumen ein Feuer zum Kochen und Heizen. Das Dorf wurde oft von einem Zaun aus spitzen Pfählen umschlossen. Außerhalb erstreckten sich weit ausgedehnte Felder.

Die Kleidung bestand aus knielangen Leggins und darüber Hemden bzw. Kleider und Mokassins aus Wildleder. Diese wurden mit Muscheln und Stachelschweinborsten reich verziert. Der Irokesenschnitt war eine bei jungen Männer durchaus vorkommende Frisur, doch war sie nicht in allen Stämmen verbreitet. Den Marterpfahl findet man fast nur bei den Irokesen. Meist war es ein einfacher Baumstamm, an den die Gefangenen gebunden und dann langsam zu Tode gequält wurden. Ebenso hat sich das Skalpieren von hier zu anderen Stämmen ausgebreitet.

Die Algonkin lebten nördlich der großen Seen. Da sie als erste Kontakt mit weißen Siedlern hatten, stammen viele „typisch indianische" Begriffe aus ihrer Sprache. Wigwam (= Behausung) nannten die Algonkin ihre kuppelförmige Hütte aus Birkengerüsten und Ulmenrinde. Im europäischen Sprachgebrauch wurde „Wigwam" die Bezeichnung für die meisten Häuser der Indianer. Auch Tomahawk, Squaw, Mokassins, Manitu, Miami, Chicago, Mississippi und viele andere Begriffe stammen aus dieser Sprache.

Die mit den Bäumen reden

Informationsblatt

Die Waldindianer des Südostens

Zwischen Atlantik und Unterlauf des Mississippi durchzogen breite Ströme die dichten Laubwälder. Boote aus ausgehöhlten Baumstämmen, Einbäume, waren das Fortbewegungsmittel für weite Strecken. Wild und Fisch bildeten einen Teil der Nahrungsgrundlage der hier ansässigen Indianerstämme, der Creek, Cherokee und Natchez. Als Waffen dienten den Männern neben Pfeil und Bogen Blasrohre, mit denen man vor allem Vögel jagte. Aufgrund des milden Klimas und der fruchtbaren Böden war der Anbau von Mais und vielen Gemüsesorten die entscheidende Lebensgrundlage. Auch Tabak wurde angebaut. Entsprechend des Klimas trug man sehr leichte Kleidung aus Baumwolle, Bast, Gräsern und Federn, daneben waren Nasenschmuck und Tätowierungen von Gesicht, Brust und Armen üblich.

Der größte Stamm dieser Region waren die Creek, ein Bündnis zahlreicher kleinerer Stämme. Die Creek wurden von einem gewählten Rat regiert, sie hatten einen Kriegs- und einen Friedenshäuptling, wobei letzterer oft eine Frau war. Der Kriegshäuptling organisierte unter anderem jährliche Wettspiele, die zwischen verschiedenen Creekstämmen ausgefochten wurden und zum Abbau von Aggressionen dienten. Eines dieser Spiele ist das Chungke-Spiel, bei dem eine mit viel Schwung zum Rollen gebrachte Steinscheibe in der Größe einer CD vom Gegner durch einen Stockwurf zu Fall gebracht werden musste. Der Friedenshäuptling hatte repräsentative Aufgaben und traf politische Entscheidungen. Bei den Creek gab es bereits einzelne Berufsgruppen, die Waren wie Töpfe, Kleidung oder Pfeilspitzen über den eigenen Bedarf hinaus produzierten und mit anderen Tauschhandel betrieben.

In der Vorstellung der Creek war die Erde eine von Wasser umspülte rechteckige Scheibe, in deren Mitte die Weltsäule stand. Nach dieser Vorstellung wurden auch die Dörfer angelegt. Im Zentrum befand sich ein Platz, in dessen Mitte ein Pfahl mit einem Tierschädel stand und der als Ballpfosten bei Spielen diente. An einer Seite dieses Platzes standen die wichtigen Gebäude wie das große runde Kulthaus. Die Wohnhäuser, Fachwerkhäuser mit Lehmwänden befanden sich außerhalb dieses heiligen Bezirks. Das Geräusch des Maisstampfens, das neben der Feldarbeit und dem Erziehen der Kinder zu den Aufgaben der Frauen zählte, gehörte zum typischen Dorfbild.

Nach Ankunft der weißen Siedler wurden die Indianer von ihrem Land vertrieben. Viele flohen in das sumpfige, nahezu menschenleere Florida. Hier gründeten sie einen neuen Stamm, die Seminolen („die Vertriebenen"). Ihnen schlossen sich auch ehemalige schwarze Sklaven an. Sie lebten zum Schutz vor Alligatoren und Schlangen in Pfahlbauten mit Dächern aus Palmblättern. Auch sie bauten Gemüse an und gewannen aus Eicheln Mehl, das zum Backen verwandt wurde. Daneben betrieben sie Fischfang in großem Stil, wobei die Fische zum Fangen häufig mit einem Gift betäubt wurden.

Die mit den Bäumen reden

Informationsblatt

Die Prärieindianer

Die Prärien, die weiten Grasländer Nordamerikas, werden von den großen Flüssen Mississippi, Missouri, Platte und Arkansas durchzogen. An deren Ufern erstreckten sich galerieartig Wälder. Hier siedelten die halbsesshaften Stämme der Pawnee, Mandan, Osage, Kansa und Missouri.

Zu Beginn des Frühjahrs richteten die Frauen die Felder her und säten Mais, Bohnen, Kürbisse und Tabak, wobei die einzelnen Felder durch Sonnenblumen getrennt wurden. Die Feldfrüchte wurden dann getrocknet und in 2 bis 3 Meter tiefen Vorratsgruben aufbewahrt. Die Siedlungen in Wald- und Flussnähe bestanden aus Erdhäusern. Diese Erdhäuser waren leicht in der Erde versenkt und mit einer Kuppel abgeschlossen. Diese wurde aus Weidestämmen gebaut und mit geflochtenen Weiden- und Binsenmatten belegt. Dann wurden sie zur Isolierung vor den kalten Winterstürmen mit Erde bedeckt und mit Gras bepflanzt.

Im Winter und in der Zeit, in der die Feldfrüchte wuchsen, zogen die Männer mit Pfeil und Bogen auf Bisonjagd, wobei sie Tipis (Zelte) mit sich führten. Aber erst nachdem die Spanier Pferde nach Amerika gebracht hatten, war die berittene Jagd möglich, zuvor zog man zu Fuß los und führte die nötige Habe auf einem Travois mit, einem Schleppgerüst aus zwei langen, dünnen Kiefernstangen, die durch Querstangen oder Riemen verbunden waren und vom Hund gezogen wurde. Das Bisonfleisch wurde getrocknet, zerstampft, mit Nüssen, Beeren und würzigen Kräutern gemischt und dann mit ausgelassenem Fett zu einer festen Masse verbunden. So erhielt man eine fast unbegrenzt haltbare Fleischkonserve, das Pemmikan.

Die Kleidung der Prärieindianer bestand aus gegerbtem Leder mit Lederfransen und wurde mit Hermelinschwänzen, Quasten aus Pferde- oder Menschenhaar und mit üppigen Perlstickereien verziert. Die Frauen waren auch in verschiedenen Handwerkskünsten sehr bewandert. Sie töpferten Gefäße, die hinterher verziert wurden. Auch Körbe flechten und das Weben von Gürteln und Bändern aus Bisonwolle gehörte zu ihrer Arbeit. Dabei wurde nicht auf einem Webrahmen gewebt, sondern die Fäden wurden senkrecht an einen Ast gehängt und unten nicht befestigt (Fingerweaving). Durch diese Fäden wurde dann der Webfaden geführt, eine Technik, die noch stark ans Flechten erinnert. Hoch entwickelt war auch die Fellmalerei. Auf der haarlosen Seite von Jagdhemden, Winterroben und Zelten zeichneten die Männer die Stammesgeschichte, religiöse Szenen sowie persönliche Heldentaten. Die Farben aus Erden und Pflanzen wurden mit zerkauten Holz oder weich geklopften, zerfaserten Knochenstücken auf die Felle aufgetragen.

Um auf der Suche nach Brennholz die Flüsse überqueren zu können, verwendeten die Frauen der Mandan ein Bullboot, ein halbkugelförmiges, sehr leichtes Boot, das aus mit Bisonfellen überspannten Weidezweigen gebaut wurde. Das Boot wurde auch verwendet, um bei schlechtem Wetter den Rauchabzug der Häuser zu bedecken.

Die mit den Bäumen reden — Informationsblatt

Die Indianer der Plains

Wenn im Kino Indianer über die Leinwand reiten, dann sind es Indianer der Plains, denen aber oft von anderen Stämmen noch Kultgegenstände, wie zum Beispiel Totempfähle, untergeschoben wurden. Sie galten als die beste leichte Kavallerie der Welt und konnten den Vormarsch der Weißen fast 50 Jahre aufhalten.

Auf den weiten, relativ trockenen Steppengrasebenen zwischen Mississippi und Rocky Mountains bestimmten riesige Bisonherden das Leben der Cheyenne, Sioux, Blackfeet, Comanchen, Kiowa und anderer Stämme. Ihre Lebensgrundlage war die Bisonjagd, anfangs zu Fuß, später per Pferd. Daneben wurden auch andere Tiere wie Antilopen und Wildvögel gejagt und Beeren gesammelt.

Ein Bison lieferte Fleisch, Fell und Haut zur Herstellung von Kleidung, Mokassins, Riemen und Tipis, Wolle für Stricke, Sehnen als Nähmaterial und Bogenschnüre, Mägen als Wasserbehälter, Knochen zur Herstellung von Werkzeugen und Nadeln und Mist, der in der baumlosen Region als Brennmaterial unersetzlich war. Nahrungssorgen kannten diese Stämme nicht, und da die Indianer ein Tier nur töteten, wenn sie es brauchten, waren die Verluste in den Herden gering.

In kleinen Familienverbänden folgten die Prärieindianer den Bisonherden. Dabei ritten sie ohne Sattel mit nur einem einseitigen Zügel, das Pferd wurde lediglich durch Körperbewegungen gelenkt. Pferde dienten auch als Zugtiere. Die Habe der Familien wurde auf ein Travois gelegt, ein Schleppgerüst aus zwei langen, dünnen Kiefernstangen, die durch Querstangen oder Riemen verbunden waren und vom Pferd gezogen wurde. Das Tipi (Zelt) besteht aus mehreren Holzstangen, die an der Spitze zusammengebunden und dann kegelförmig aufgestellt und mit bis zu 14 enthaarten und gegerbten Bisonhäuten bedeckt wurde. Sein Durchmesser betrug zwischen 3 und 8 m. Durch seine Form hielt es den Stürmen der Prärien stand. In der Mitte brannte ein Feuer, der Rauch zog nach oben ab. Der Boden war mit Fellen ausgelegt und zum Schlafen hüllte man sich in ein Bisonfell. Die Tipis samt Inneneinrichtung gehörten den Frauen, die sie auch herstellten.

Während die Kunst des Gerbens sehr hoch entwickelt war, waren Töpferei, Weberei und Flechtkunst unbekannt. Die Kleidung bestand daher aus einem Lederschurz und Mokassins, im Winter sorgten zusätzliche Roben aus Bison-, Wolf- oder Bärenfellen für Wärme.

Krieg führen, Jagen und die Herstellung der Waffen waren Männeraufgaben. Da von der Qualität der Waffen das Leben abhing, verwendeten sie sehr viel Zeit auf ihre Herstellung. Benutzt wurden Pfeile, oft mit vergifteten Spitzen und Bogen sowie Lanzen, Keulen und Schilde. Der Tomahawk, das Kriegsbeil der Indianer, wurde als Wurf- und nicht als Nahkampfwaffe verwendet.

Von den Irokesen übernahm man das Skalpieren (das Abtrennen des Kopfhaars samt der Haut). Es galt als Zeichen der Tapferkeit und man glaubte, dass die skalpierten Feinde einem im Jenseits dienen müssten.

Die mit den Bäumen reden

Informationsblatt

Nordwestküstenindianer

Die Stämme der Nordwestküste, zu ihnen zählen Tlingit, Haida und Kwakiutl, siedelten entlang der Pazifikküste und auf den der Küste vorgelagerten Inseln bis hinauf nach Alaska. Der warme Alaskastrom sorgte für eisfreie Küsten. Meer und Flüsse, Fjorde, schneebedeckte Berge aber auch riesige Nadelwälder prägten den Lebensraum.

Die Kleidung der Stämme war dem milden Klima angepasst, wobei man aber von sehr abgehärteten Menschen ausgehen muss. Die Frauen trugen im Sommer kurze, mit Muscheln verzierte Grasröcke, Männer und Kinder waren meist nackt. Für den Winter wurden Kleidungsstücke aus Bast gewebt.

Die Indianer lebten vor allem vom Fischfang aus den Flüssen (Lachs) und dem Meer (Salm, Kabeljau und Heilbutt). Gefischt wurde mit Angeln, Harpunen, Reusen und Netzen. Die Fische wurden entweder frisch gegessen oder geräuchert. Meist wurden sie gleich am Ufer zerlegt und die Gräten wurden ins Meer zurückgeworfen, wo sie dann, so der Glaube, zu neuen Fischen wurden. Mit ihren seetüchtigen Booten fuhren die Indianer aufs Meer hinaus und jagten Robben und Wale. Daneben sammelte man Früchte des Waldes.

Die meisten Stämme des Nordwestens lebten in großen Dörfern aus Holzhäusern mit Giebeldächern, die mit der Front zum Wasser standen. Vier bis fünf Familien teilten sich ein Haus, die gemeinsame Feuerstelle lag in der Mitte des Hauses. Die Häuser und deren Einrichtung wurde sehr kunstvoll gestaltet und bemalt. Die Frauen fertigten Körbe zum Kochen, als Vorratsbehälter und zum Transport sowie Matten aus Wurzeln, Weiden, Schilf und Binsen.

Berühmt sind die Stämme vor allem für ihre Schnitzkunst. Sie nutzten den Holzreichtum der Wälder, fast alles wurde kunstvoll aus Holz hergestellt: Häuser, Boote, Masken, Teile der Kleidung, Geschirr, Schachteln. Um exakt arbeiten zu können ließen sich einige Handwerker einen „Meterstab" auf den Unterarm tätowieren. Vor allem die bis zu 15 m hohen Totempfähle der Haida, die zu Ehren verstorbener Häuptlinge, zum Gedenken an besondere Ereignisse, wie z. B. zum Hausbau geschnitzt wurden, sind bis heute wohl die berühmtesten Werke dieses Volkes. Die seetüchtigen Boote der Haida wurden von zwei Männern aus astfreien Zedernstämmen gefertigt. Sie dienten dem Fischfang sowie als Kriegs- und Transportfahrzeuge. Sie waren bis zu 20 m lang und boten dann 50 Männern Platz. Bewegt wurden sie mit Rudern. Das Lenken übernahm eine alte Frau mit einem Stechpaddel, die damit uneingeschränkte Autorität erhielt. Dies zeigt die privilegierte Stellung der Mutter bei den Stämmen im Nordwesten.

Berühmt ist auch das Potlach-Fest, bei dem Gäste eingeladen und mit Geschenken überhäuft wurden. Kunstvolle Bastumhänge waren bei dieser Zeremonie unerlässlich und wurden lange vorher gewebt, oft wurde sogar ein neues Haus zum Fest errichtet. Die Häuptlinge, es waren stets Männer, versuchten sich gegenseitig mit Geschenken zu überbieten, denn wer am meisten gab, besaß das höchste Ansehen. Bei der fälligen Rückeinladung musste sich der Gastgeber noch großzügiger zeigen.

Die mit den Bäumen reden — Informationsblatt

Kalifornische Indianer

Die Indianer Kaliforniens, zu ihnen gehören Maidu, Pomo und Hupa, setzten den Weißen kaum Widerstand entgegen.

Im kalifornischen Längstal, das von einigen großen Flüssen durchzogen wird, bot die Natur bei ganzjährig angenehmem Klima mit ihren großen Mischwäldern den Indianern ein so reichhaltiges Angebot an Nahrungsmitteln, dass sie trotz guter Böden keinen Ackerbau betrieben. Das Sammeln einer großen Vielfalt von Waldfrüchten, vor allem von Eicheln, die zu Mehl verarbeitet wurden, war ausreichend und weniger arbeitsaufwendig. Hinzu kamen Nüsse, Kastanien und Samen von Hafer und Gräsern. Diese Samen wurden mit geflochtenen Schlägern von den Frauen direkt in Körbe geschlagen. Wurzeln wurden mit Grabstöcken aus der Erde geholt.

Ein wenig Fischfang und Jagd ergänzten die Nahrung. Dabei sind die Jagdmethoden sehr vielfältig. Bei der Einzeljagd verkleidete sich der Jäger mit einem Tierfell und rieb sich mit Kräutern ein, um den eigenen Geruch zu überdecken. Daneben gab es Hetzjagden, wobei die Tiere eingekreist oder in einen Koral oder an eine Felswand getrieben wurden. An der Küste lebten die Indianer überwiegend vom Fischfang und Sammeln von Muscheln und Krebsen.

Die Flechtkunst der Pomoindianerinnen mit Weideruten, Wurzeln, Gräsern und Rinden ist die wohl perfekteste aller Indianerstämme Nordamerikas. Sie reicht von kleinen Miniaturkörbchen bis zu meterhohen Körben mit kunstvollen Mustern. Oft wurden diese noch mit Federn oder Muschelscheiben verziert. Die Körbe dienten zum Kochen, als Trichter, Kellen, Trinkbecher und als Vorratsbehälter.

Die Familie war die wichtigste Gruppe bei den kalifornischen Stämmen. Ihr stand ein männliches Familienoberhaupt vor, das die Verantwortung für Frau, Kinder sowie für unverheiratete oder verwitwete Geschwister trug. Das „Amt" des Familienoberhauptes wurde weitervererbt. Meist lebten mehrere Familien an einer geeigneten Stelle in kleinen Siedlungen zusammen. Im Sommer reichte ein einfaches Sonnendach, im Winter wurden teilweise leicht versenkte Kugeldachhütten gebaut, bei denen ein Gerüst aus geflochtenen Zweigen mit Gras und Binsen bedeckt wurde. Auch die Kleidung beschränkte sich auf ein Minimum, meist ein aus Bast oder Leder gefertigter Hüftschurz. Im Winter wärmten Umhänge aus Kaninchenfell.

Die mit den Bäumen reden — Informationsblatt

Die Indianer der Plateaus und des Großen Beckens

Die Stämme auf den nördlichen Hochplateaus in den Rocky Mountains (Flathead, Nez Percé, Shoshoni) lebten teils in Langhäusern, teils in kleineren Tipis, die mit geflochtenen Matten gedeckt waren. Sie lebten von den Früchten des Waldes, reichen Wild- und Fischbeständen, auch Mais wurde angebaut. Die Nez Percé-Frauen fertigten kunstvolle Taschen aus Hanf und Maishülsen an, die Männer züchteten die bekannten gefleckten Appaloosa-Pferde in großer Zahl. Ein reger Tauschhandel mit Taschen und Pferden wurde mit den Stämmen der Plains betrieben.

In den Wüstengebieten des großen Beckens zogen die Indianer (Utah und Paiute) in Familien die meiste Zeit des Jahres auf der Suche nach Nahrung umher. Häuptlinge, wie man sie von anderen Stämmen kennt, gab es bei den Indianern des Großen Beckens nicht.

In Jahren mit ausreichend Niederschlag standen zahlreiche Wildfrüchte auf dem Speisezettel, aber meist lebten die Indianer von Wurzeln, Eidechsen, Heuschrecken, Grillen, Raupen und jagten Vögel und Nagetiere wie Kaninchen, Erdhörnchen und Ratten. Zum Fangen baute man Fallen, verwendete Netze und Schlingen oder das gebogene Wurfholz. Da viele Nahrungsmittel mit dem Grabstock ausgegraben wurden, nannte man die Stämme des Großen Beckens „Digger"-Indianer. Auf Steinplatten wurden viele Nahrungsmittel von den Frauen mit Steinwalzen gemahlen und weiterverarbeitet. Zum Fangen von Heuschrecken zündeten die Indianer trockenes Gebüsch an, und trieben die Tiere dann in die Glut. Hier wurden sie geröstet und dann entweder gleich gegessen oder zu Brot verbacken. Einer der wenigen Anlässe, bei dem sich größere Gruppen bildeten, war die Antilopenjagd, bei der die Tiere von den Männern in einen Koral getrieben und dann erschlagen wurden.

Traf eine größere Gruppe zusammen, so waren Ballspiele ein beliebter Zeitvertreib, wobei die Männer eine Art Handball oder Fußball spielten, die Frauen Shinny, eine Art Hockey.

Diese Indianer besaßen nur wenige Dinge, die ständig mitgeführt wurden. Dabei nutzte man Hunde als Trageteire. Der gesamte Haushalt bestand aus geflochtenen Gegenständen, die von den Frauen aus verschiedenen Gräsern, Bast, feinen Wurzeln und Weiden kunstvoll gestaltet wurden und die zu den besten der Indianer Nordamerikas zählten. Es entstanden Matten, Sandalen, Schalen, Vorratskörbe, Wasserbehälter sowie Schläger zum Ernten der Grassamen, die mit diesen von den Frauen direkt in Körbe geklopft wurden. Die Frauen trugen im Sommer einfache Kleider aus Bast, die Männer Lederkleidung. Dazu trug man Schmuck aus Schnecken, Nüssen und Samen.

Da es in der kargen Umgebung kaum Baumaterial gab, lebten die Indianer im Winter in Höhlen oder bauten rechteckige Wickiups aus höchstens 2 Meter hohen Pfählen mit Wänden und einem Dach aus Gras- und Binsenmatten.

Die Utah oder Ute besaßen schon sehr früh Pferde. Mit diesen wurden sie zu gefürchteten Räubern, häufig überfielen sie die Siedlungen der Puebloindianer und der Navajos im Südwesten. Später wanderten sie in die Plains ab.

Die mit den Bäumen reden   Informationsblatt

Die Indianer des Südwestens

Winnetou, Häuptling der in Pueblos lebenden Mescalero-Apachen, der Freund der Weißen, ist eine Fantasiegestalt von Karl May, in der nicht viel Wahrheit steckt. Im heißen, regenarmen Südwesten lebten vor allem die Puebloindianer (Hopi und Zuni), die Navajos und die Apachen.

Ein Pueblo (span.: Dorf) ist eine bis zu sechs Stockwerke hohe terrassenförmige Siedlung, gebaut aus vielen „schachtelförmigen" Räumen aus Lehm. Um das Pueblo besser vor Feinden zu schützen, befand sich der Eingang in die einzelnen Räume auf dem Dach, so dass man ihn nur über Leitern erreichen konnte, die auch die einzelnen Etagen miteinander verbanden. Das ganze Dorf bestand aus einem Haus. Fast das ganze Leben dieser Indianer spielte sich auf den Flachdächern im Freien ab.

Trotz der Trockenheit lebten die Puebloindianer vom Ackerbau. Sie nutzten die spärlichen Niederschläge zur Bewässerung, wozu sie Kanäle bauten oder ihre Felder so anlegten, dass sie das vom Hochplateau herablaufende Wasser auffangen und nutzen konnten (Sturzwasserfeldbau). Hier bauten die Männer mit Pflanzstöcken und Hacken Mais, Kürbisse, Chili, Bohnen, Tabak und manchmal auch Baumwolle an. Fleisch gab es hier nur selten. Es wurde über Tauschhandel erworben. Die Baumwolle wurde von den Frauen gesponnen und die Männer webten dann Stoffe zur Herstellung der Kleidung. Um gute Ernten zu erhalten wandte man sich an die Kachinas, Geister von Ahnen, aber auch von Tieren und Pflanzen, die zeitweise auf die Erde zurückkehren und zwischen den Menschen und höheren Mächten vermitteln.

Um ihre Kinder auf diese Wohltäter vorzubereiten und ihnen die Angst zu nehmen, schenkten Eltern ihren Kindern geschnitzte Kachina-Puppen.

Aufgabe der Frauen war die Hausarbeit und das Herstellen von Tragekörben aus Gras. Daneben zählten sie zu den besten Töpferinnen unter den Indianern Nordamerikas. Sie stellten kunstvolle Töpferarbeiten in Spiralwulsttechnik her. Da die Spanier von dieser Kunst sehr beeindruckt waren, kauften sie den Indianern viele Kunstgegenstände ab. Dies veränderte die Töpferei. Man passte sich in der Art der Gegenstände und bei der Wahl der Muster den Kunden an.

Aus Alaska wanderten zwei Stämme von Jägern und Sammlern ein, die sich selbst Dineh („Menschen") nannten. Die Navajos („Indianer der bestellten Felder") übernahmen einige Lebensweisen der Puebloindianer und wurden sesshaft. Sie lebten in erdbedeckten, kuppelförmigen achteckigen Häusern, den Hogans. Obwohl sie etwas Ackerbau betreiben, blieb ihre Lebensgrundlage das berittene Jagen und Sammeln. Als die Spanier Schafe einführten, begannen sie mit der Viehzucht, wobei die Tiere von Frauen und Kindern gehütet wurden. Sie spannen Wolle, und webten kunstvolle Decken, Wand- und Türvorhänge. Bis heute berühmt sind die Streifenmuster der Navajos in weiß-schwarz-rot. Die Männer entwickelten sich zu geschickten Silberschmieden, ihren Schmuck verzierten sie mit Türkisen und eingetauschten roten Korallen.

Die Apachen wurden nicht sesshaft, sondern lebten von der Jagd auf Antilopen, Hasen und Hirsche oder zogen zur berittenen Bisonjagd in die Prärien. Dabei benutzten sie Pfeil und Bogen, Lanzen, Keulen und später auch Gewehre. Fleisch und Felle tauschten sie gegen landwirtschaftliche Produkte. Ihre wilden Krieger bildeten Räuberbanden und überfielen Spanier und andere Indianerstämme, was ihnen den Namen „apaches des nabadu" (Feind der angebauten Felder) einbrachte. Handwerkliche Fähigkeiten waren bei ihnen nicht besonders ausgebildet, die Apachenfrauen flochten dekorativ eingefärbte Körbe. Die Apachen lebten in runden Behausungen aus Buschwerk (Wickiups).

Die mit den Bäumen reden   Ausschneidebogen 1

Osage	Hurone	Cheyenne	Shoshone
Kiowa	Cherokee	Irokese	Seminole
Hopi	Comanche	Apache	Creek
Kwakiull	Blackfoot	Dakota-Sioux	Zuni
nördl. Sioux	Mandan	Sauk Fox	Nez-Percé

Die mit den Bäumen reden   Ausschneidebogen 2

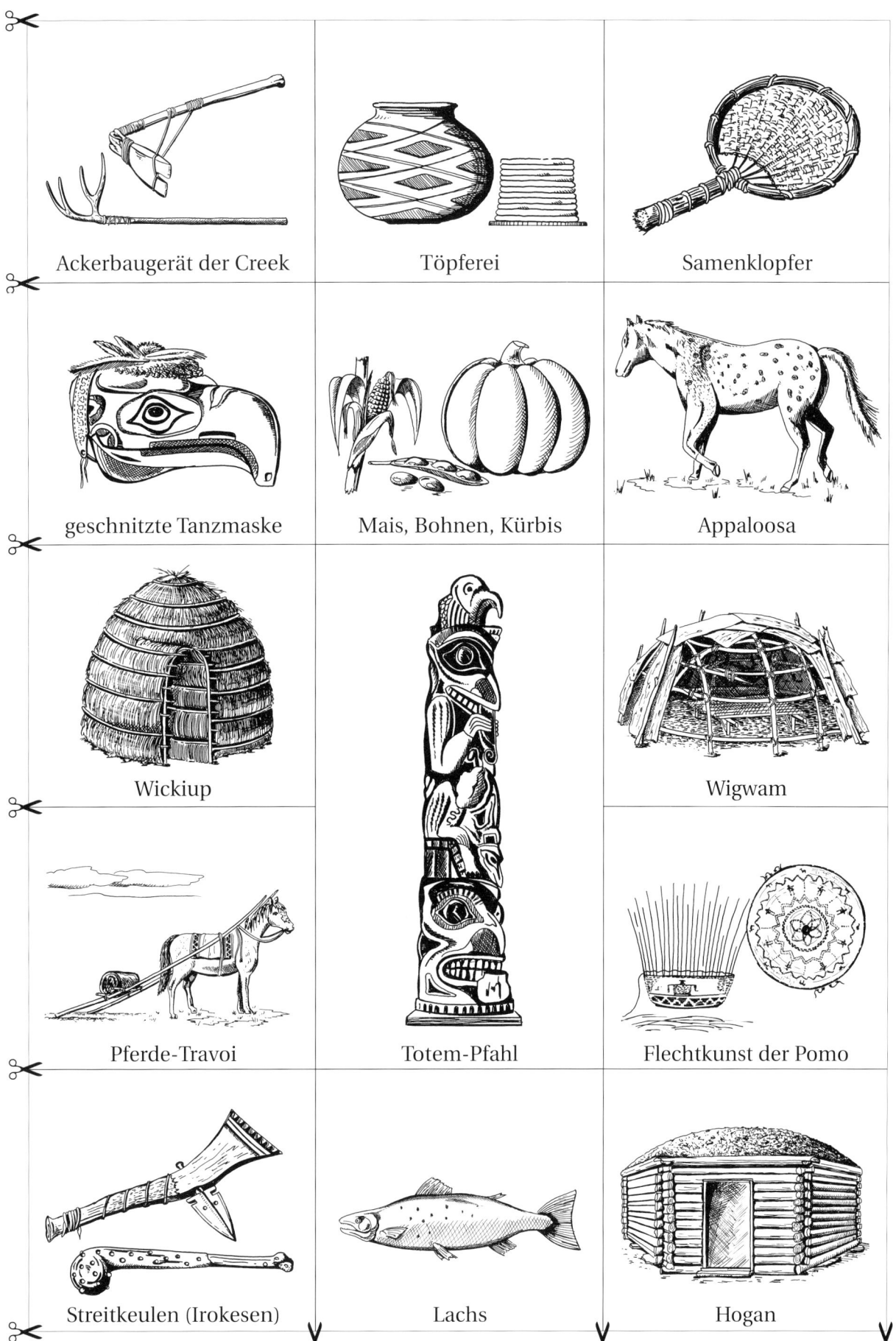

Ackerbaugerät der Creek	Töpferei	Samenklopfer
geschnitzte Tanzmaske	Mais, Bohnen, Kürbis	Appaloosa
Wickiup	Totem-Pfahl	Wigwam
Pferde-Travoi		Flechtkunst der Pomo
Streitkeulen (Irokesen)	Lachs	Hogan

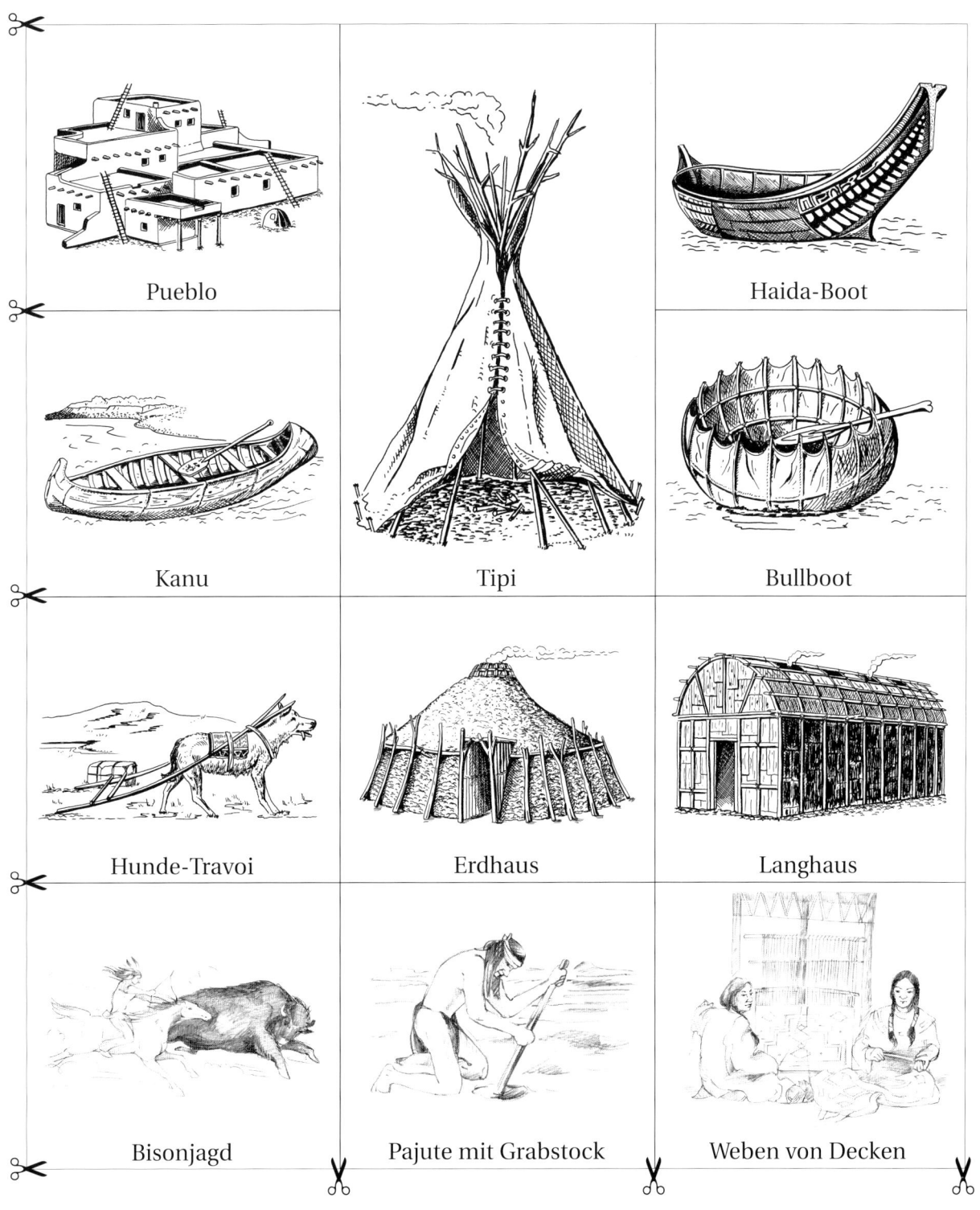

Die mit den Bäumen reden   Ausschneidebogen 3

Pueblo	Tipi	Haida-Boot
Kanu		Bullboot
Hunde-Travoi	Erdhaus	Langhaus
Bisonjagd	Pajute mit Grabstock	Weben von Decken

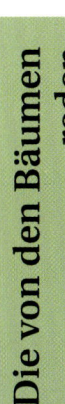

Die von den Bäumen reden

Thema Lebenssituation der Indianer heute

Material Informationstexte, Rätsel

Aufgabe Lies den Informationstext und die Aussagen der heute lebenden Indianer. Dann löse das Kreuzworträtsel. Die gesuchten Buchstaben verraten dir, welcher Indianerstamm schwindelfrei ist. Seine Angehörigen arbeiten meist als Stahlhochbau-Spezialisten beim Bau von Hochhäusern und Brücken.

Als immer mehr Einwanderer aus Europa in die USA kamen, wurden die Indianer aus ihren Heimatgebieten in den Westen abgedrängt. Über 360 Verträge wurden abgeschlossen, um das Zusammenleben zwischen Weißen und Indianern zu regeln. Die Weißen hielten diese Verträge jedoch nicht ein und besetzten oft mit Gewalt Indianerland und vernichteten die Lebensgrundlagen der Indianer, wie die riesigen Büffelherden. Obwohl sich viele Indianerstämme zur Wehr setzten, unterlagen sie dem übermächtigen Gegner.

Die Navajos beispielsweise wurden in Arizona von der US-Kavallerie in einer blutigen Schlacht vernichtend geschlagen und die Überlebenden in ein 500 km entferntes Lager in New Mexiko getrieben. Ein großer Teil der Menschen kam auf diesem „Pfad der Tränen" um. Immer mehr Indianer wurden so in kaum nutzbare Reservationen „umgesiedelt", wo sie weder jagen, fischen noch Landwirtschaft betreiben konnten. Zahllose starben an Hunger und Krankheiten. Im Winter 1890 flüchteten 350 halbverhungerte Sioux, zu 2/3 Frauen und Kinder, aus einer zugewiesenen Reservation. Sie wurden von der US-Armee umzingelt und erbarmungslos angegriffen. Kaum 50 Indianer überlebten das Massaker bei Wounded Knee.

Vor der Ankunft der Weißen lebten über 1 000 000 Indianer in Nordamerika, um 1900 waren es nur noch 200 000 in wenigen Reservationen.

Die von den Bäumen reden

Informationsblatt

Vor einigen Jahren wurden in unserer Reservation Erdöl und Erdgas entdeckt, seitdem sind viele Geldsorgen aus der Welt. Unser demokratisch gewählter Rat entscheidet, wie das Geld am besten investiert wird. Und so wurden Industriebetriebe, z. B. ein Elektronikunternehmen, gegründet, in denen fast nur Indianer arbeiten. Auch in der Landwirtschaft geht es jetzt wieder aufwärts, da wir moderne Errungenschaften nutzen können. So wurden zum Beispiel ein Teil der Einnahmen in Bewässerungsanlagen investiert.

Längst sind Wigwam und Tipi von Fertighäusern und Pferde von Autos abgelöst worden. Auch Stromanschlüsse, Satellitenschüsseln, Supermärkte und Schnellrestaurants findet man in unseren Reservationen. Unsere Kinder gehen hier zur Schule und werden in ihrer Muttersprache unterrichtet. Aber natürlich lernen sie auch Englisch: Hier bei uns in Many Farms können sie sogar eine Universität besuchen.

In allen Reservationen gelten eigene Gesetze, andere als im umgebenden Bundesstaat. Lediglich die Verkehrsvorschriften haben wir übernommen. Wir haben eine eigene Polizei, eigene Gerichte und müssen keine Steuern an den Staat zahlen.

Ron Tsosie 32, Navajo (New Mexico)

Einige Stämme haben ihren Weg gefunden, doch in vielen Reservationen sind die Probleme noch riesig. Wir sind sehr arm und leben in Hütten ohne Wasser und Strom. Die Lebenserwartung ist daher niedrig und die Kindersterblichkeit sehr hoch und das, obwohl es in den Reservationen eine kostenlose Gesundheitsfürsorge gibt. Viele sind arbeitslos und haben auch keine Hoffnung in den Städten Arbeit zu finden aufgrund der schlechten Ausbildung. Viele suchen Trost und Vergessen im Alkohol oder in Drogen. Wir Indianer haben die höchste Selbstmordrate aller ethnischen Gruppen der USA.

Linda Northsun 58, Blackfoot (Montana)

Mein Onkel sagt: „Die Kohlenmine, die die Weißen auf unserem Land betreiben, vergewaltigt unsere Mutter Erde. Mutter Erde muss sich fühlen wie jemand, dem die Leber herausgeschnitten wird für Geld. Ein Indianer tut das nicht."

Er betreibt „sanften Tourismus", lässt die Touristen auf seinen Pferden über das „heilige Land" reiten und zeigt ihnen die Natur. Mir bringt er an den Wochenenden und in den Ferien indianische Lebensweise, unsere Kultur und Religion bei. Letztes Jahr habe ich auf dem großen Pow-Wow in Gallup für meinen Stamm getanzt. Pow-Wows sind Festivals, zu denen sich die verschiedenen Stämme treffen. Unsere Kultur ist mir ganz wichtig – aber Computerspiele machen auch Spaß.

Merle White Plume 15, Sioux (Wyoming)

Uns ging es wirklich schlecht. Gerade mal 1000 Köpfe zählte unser Volk noch und die meisten von uns mussten von Sozialhilfe leben. Und dann kam die Idee mit den Spielkasinos. Seit 1988 haben Indianer nämlich das Recht überall auf ihrem Land Kasinos zu betreiben, ein Recht, das für „weißes" Land nicht gilt. Und die Kasinos ziehen die Weißen magisch an. Die Gewinne belaufen sich auf viele Millionen Dollar. Und sie bringen der Reservation Arbeitsplätze; auch in Motels und Tankstellen. Doch unsere Stammesältesten glauben nicht an den ewigen Segen der Kasinos, sie drängen darauf, das Geld in solide, zukunftsträchtige Unternehmen zu investieren. Und so liegt hoffentlich eine gesicherte Zukunft vor uns.

Diane Deer 26, Pequot (Connecticut)

Die von den Bäumen reden   Arbeitsblatt

1.
2.
3.
4.
5.
6.
7.
8.

1. Für viele Indianerstämme ein sanfter Ausweg aus Arbeitslosigkeit und Armut.
2. Von den Weißen übernommene Regeln, die auch in der Reservation gelten.
3. Großes Kulturfestival der Stämme.
4. Eine schlimme Folge der hoffnungslosen Lebenssituation.
5. Bodenschätze auf Navajo-Land
6. Quelle des Reichtums für die Pequot-Indianer
7. Meist wertloses Land, was den Indianern als Lebensraum überlassen wurde
8. Ort eines schrecklichen Verbrechens an Indianern, heute Gedenkstätte

Dreamkeeper (Traumfänger)

Thema

Der Kreis als Symbol des ganzheitlichen Denkens der Indianer drückt ihre tiefe innere Verbindung mit ihrer Lebenswelt aus.

Material

– drei Meter gewachsten Faden oder festen braunen Zwirn,
– einen 40 cm langen Hasel- oder Weidenzweig, etwa 6 mm stark
– fünf farbige Perlen: weiß, blau, braun, rot, grün
– eine etwa 10 cm lange Feder
– Bastelanleitung

Aufgabe

Bastel einen Dreamkeeper (Traumfänger) nach der Anleitung und hänge ihn über dein Bett. Er wird die guten Träume einfangen, die bösen verschwinden durch das Loch in seiner Mitte.

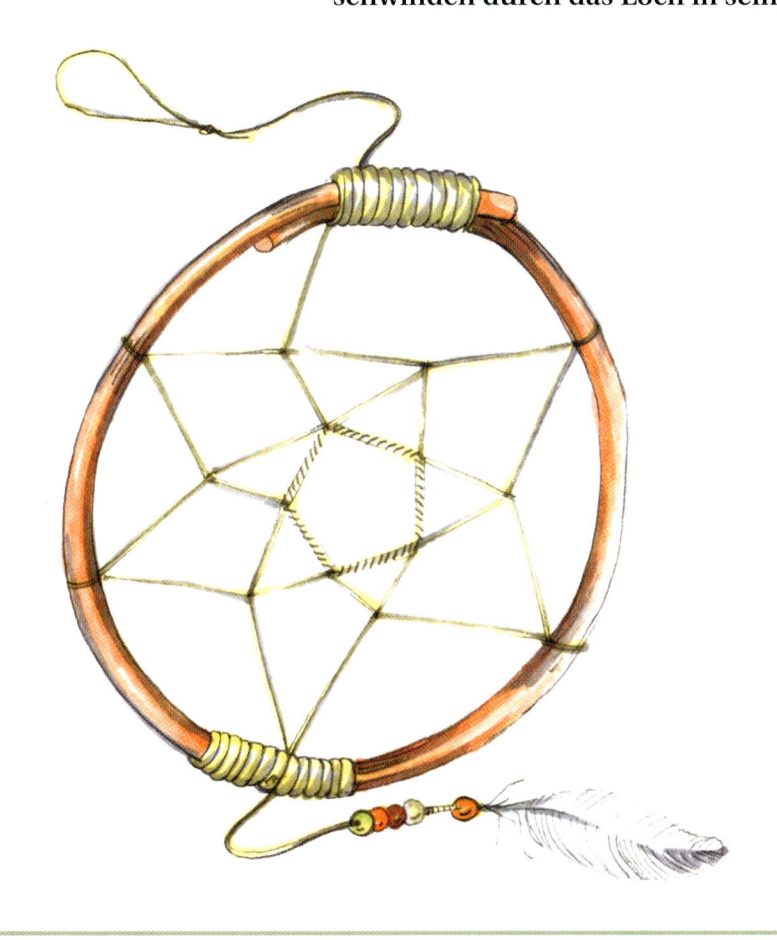

Dreamkeeper (Traumfänger)   Bastelanleitung

The Tawingo dreamkeeper

Der Kreis aus einer Hasel- oder Weidenrute symbolisiert das Leben, darin eingewebt ist ein fünfzackiger Stern. Mit der ersten Zacke werden die Kräfte der Pflanzen, das Wachsen und Gedeihen, eingewebt, mit der zweiten die Energie dessen, was atmet, strebt und sich bewegt. Die dritte Zacke verknüpft die Leidenschaft der verschiedenen Elemente, die vierte die Lebenskraft der Mutter Erde, und die fünfte den Geist und die Harmonie des Himmels. Ein Jedes ist verwoben und vernetzt mit dem Ganzen.

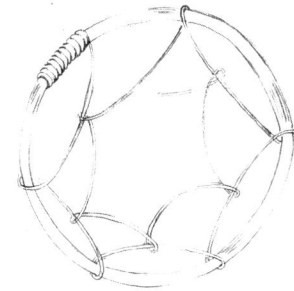

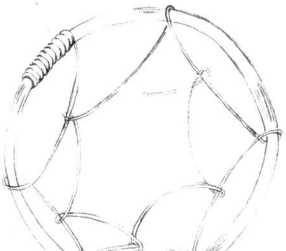

Abb. 1

Für deinen **Dreamkeeper** brauchst du
- drei Meter gewachsten Faden oder festen braunen Zwirn,
- einen 40 cm langen Hasel- oder Weidenzweig, etwa 6 mm stark
- fünf farbige Perlen: die weiße stellt den Himmel dar, die blaue das Wasser, die braune die Erde, die rote die Tiere und die grüne die Pflanzen,
- und eine etwa 10 cm lange Feder.

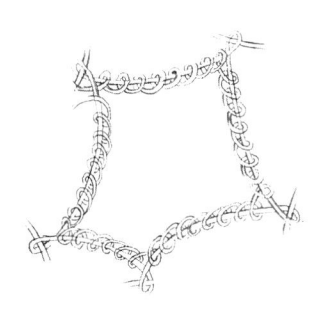

Abb. 2

Herstellung:
- Weiche den Zweig über Nacht in Wasser ein, biege ihn zu einem Kreis, der an den Enden übersteht. Wickle den Faden über das überstehende Teil, so dass der Kreis sicher zusammengehalten wird. Schneide den Faden nicht ab.
- Um das gewebte Netz herzustellen, schlinge den Faden um den Zweig an fünf Punkten, die gleichmäßig um den Kreis verteilt sind (siehe Abb. 1). Halte den Faden die ganze Zeit straff gespannt.
- Schlinge danach den Faden jeweils um die Mitte der fünf Fadenabschnitte der vorhergehenden Runde und fahre fort, bis die Mitte des Sterns ein Fünfeck von 2 – 3 cm Durchmesser bildet.
- Wickle den Faden um den inneren Kreis, wie es die Abb. 2 zeigt. Binde ihn gut fest und schneide den überhängenden Faden ab.
- Wickle das restliche Garn um den Federkiel, binde es fest. Nun fädele die Perlen auf, und binde den Faden an dem Holzkreis des Dreamkeeper fest, so dass die Feder an etwa 5 cm freien Faden lose hängen kann.
- Befestige eine Schlaufe gegenüber der Feder und hänge den Dreamkeeper über dein Bett. Er wird die guten Träume einfangen, die bösen verschwinden durch das Loch in seiner Mitte.

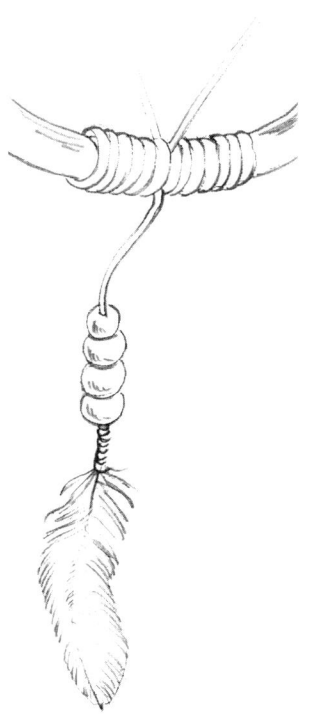

Abb. 3

Landwirtschaft im Überblick

Thema Landwirtschaftszonen

Material Arbeitsblätter, Atlas

Landwirtschaft im Überblick — Arbeitsblatt

❶ Zeichne in die Karte die folgenden Landwirtschaftszonen ein: Weidewirtschaft (Rinder- und Schafhaltung), Milchwirtschaft, Baumwollanbau, Zitrusfrüchte/Zuckerrohr/Reis, Mais- und Sojabohnenanbau (Veredlung durch Viehhaltung), Gemischte Landwirtschaft (Mais- und Weizenanbau, Milchwirtschaft, Mastvieh- und Geflügelhaltung), Weizenanbau.

Verwende dazu geeignete Signaturen und Farben.

❷ Trage die Landwirtschaftszonen entsprechend ihrer räumlichen Verbreitung in die Tabelle ein. Gib jeweils drei bis vier Staaten an, die besonders großen Anteil an diesen Zonen haben.

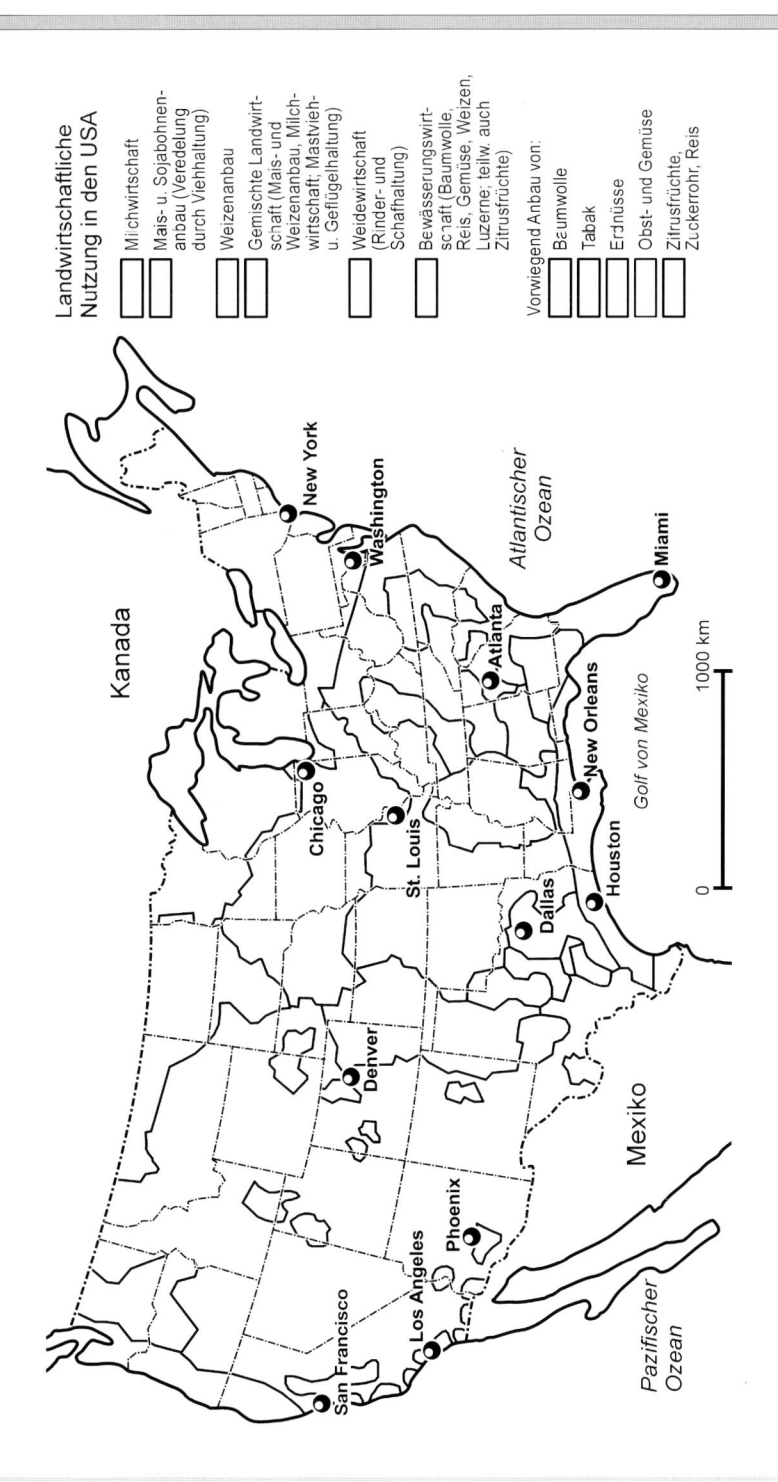

Landwirtschaftliche Nutzung in den USA

- Milchwirtschaft
- Mais- u. Sojabohnenanbau (Veredelung durch Viehhaltung)
- Weizenanbau
- Gemischte Landwirtschaft (Mais- und Weizenanbau, Milchwirtschaft, Mastvieh- u. Geflügelhaltung)
- Weidewirtschaft (Rinder- und Schafhaltung)
- Bewässerungswirtschaft (Baumwolle, Reis, Gemüse, Weizen, Luzerne; teilw. auch Zitrusfrüchte)

Vorwiegend Anbau von:
- Baumwolle
- Tabak
- Erdnüsse
- Obst- und Gemüse
- Zitrusfrüchte, Zuckerrohr, Reis

Landwirtschaft im Überblick — Arbeitsblatt

Tabelle: Landwirtschaftszonen in den USA

Landwirtschaftszone	räumliche Verbreitung	Staaten
	südlich und östlich der Großen Seen, Boston – Washington – Küstenregion	
	Mittelwesten	
	Gebiete westl. des Mississippi und weite Gebiete des Südostens der USA	
	Mississippital und Süden der USA	
	Great Plains	
	Beckenlagen in den Gebirgsstaaten	
	Golfküste und Florida	

Superkorn und Superbohne

Thema Soja und Mais – Portraits zweier Nutzpflanzen

Material Informationsblatt „Mais",
Informationsblatt „Soja",
Arbeitsblatt

Superkorn und Superbohne

Superkorn und Superbohne

Informationsblatt

Mais

Eine Pflanze stellt sich vor

Der Mais (lat. Zea mays) gehört zur Familie der Gräser.

Die Maispflanze ist ein einjähriges Gras mit endständigem männlichen Blütenstand, während die weiblichen Blütenstände (Kolben) in den Achseln der Blätter stehen.

Sie wird bis zu 2 m hoch. Die Früchte (Maiskörner) sind in Längszeilen am Maiskolben angeordnet. Sie sind sehr verschieden gefärbt; außer den bekannten gelben Körnern gibt es z. B. weißliche, rote und blaue.

Maispflanzen können das Sonnenlicht wesentlich besser ausnutzen als andere Pflanzen. Sie haben eine höhere Photosyntheserate und daher ein schnelleres Wachstum als andere Pflanzen.

Superkorn Mais

Mais ist eine der wichtigsten, heute weltweit verbreiteten Kulturpflanzen der gemäßigten Zone.

Altperuanischer Maisdämon als Tongefäß, gefunden in Chimbote, Peru

Bezogen auf die Anbaufläche und die Produktion ist der Mais nach Weizen und Reis das nächstwichtigste Getreide. Als Futter nimmt er die erste Stelle ein.

Mais für das Vieh

Mit über 250 Mio. t erwirtschaften die USA die Hälfte der Weltproduktion; das meiste geht als Viehfutter in die Fleischerzeugung.

Wertvolle Nahrung

In manchen Ländern dient der Mais aber auch als Grundnahrungsmittel: aus seinem Mehl werden Tortillas (Fladen), Maisbrot oder Polenta (Maisbrei) hergestellt; Maiskolben werden als Gemüse gegessen.

Außerdem dient Mais auch der Produktion von Stärke. Stärke ist ein Grundstoff von Pudding, Suppen, Saucen und Backwaren.

Eine alte Kulturpflanze

Als Ursprungsland des Maises nimmt man Mexico an. Im Tal von Tehuacan (Südmexico) wurde Mais bereits um 5000 v. Chr. kultiviert. Archäologische Reste der Art wurden auch in der Fledermaushöhle (Bat Cave) in New Mexico in den südlichen USA gefunden. Erst nach der Entdeckung Amerikas kam der Mais nach Europa.

Superkorn und Superbohne — Informationsblatt

Sojabohne

Eine Pflanze stellt sich vor

Die Sojabohne (lat. Glycine max) gehört zur Familie der Hülsenfrüchtler.

Die Sojapflanze ist ein 30 bis 100 cm hoher, bräunlich behaarter Schmetterlingsblütler mit kleinen, kurzgestielten, weißlichen oder violetten Blüten und etwa 8 cm langen Hülsen mit etwa 8 mm dicken Samen (Sojabohnen).

Die Samen enthalten bis zu 40 % Eiweiß und bis zu 20 % Fette; das Eiweiß hat eine außerordentliche Wertigkeit und kommt hierin dem tierischen Eiweiß sehr nahe.

Eine heilige Pflanze

Die Sojabohne gehört in Ostasien zu den ältesten Kulturpflanzen. Erste Spuren der Kultur lassen sich in China, wo die Sojabohne neben Gerste, Hirse, Reis und Weizen zu den fünf heiligen Pflanzen zählte, bis um 2800 v. Chr. zurückverfolgen.

Superbohne Soja

Die Sojabohne ist eine der wertvollsten und wichtigsten Kulturpflanzen der Erde, sie ist für viele Millionen Menschen in Asien der Hauptlieferant von Nahrungseiweiß. Der hohe Fettgehalt der Samen hat die Art zur wichtigsten ölliefernden Pflanze der Erde gemacht.

Soja für das Vieh

Der Hauptanteil der weltweiten Sojaproduktion geht ins Viehfutter.

Wertvolle Nahrung

Die Sojabohne ist in Asien und in zunehmendem Maße auch in anderen Ländern ein vielseitiges Nahrungsmittel. Die Samen werden vermahlen, zur Herstellung von milch- und käseartigen Produkten und für Saucen verwendet. Außerdem wird Soja auch als pflanzlicher Brotaufstrich, als Fleischersatz, als schnittfester Tofu und als Eiweißpulver angeboten. Gewonnen werden diese Lebensmittel aus dem hochwertigen Eiweiß der Sojabohne.

Gericht mit Tofu

Superkorn und Superbohne — Arbeitsblatt

> ❶ Vergleiche die Nutzpflanzen Sojabohne und Mais.
> Fülle – mit Hilfe der Informationsblätter – die nachfolgende Tabelle aus.

Sojabohne		Mais
	Ursprungsland	
	älteste Funde	
	lat. Bezeichnung	
	Pflanzenfamilie	
	Größe	
	Früchte/Samen	
	biologische Besonderheiten	
	hauptsächliche Nutzung	
	sonstige Nutzung	

Kornkammer

Thema

Die USA zählen zu den großen Getreideproduzenten auf der Erde. Auf endlos erscheinenden Anbauflächen wird hochmechanisiert und marktorientiert vor allem Weizen angebaut. Im langjährigen Durchschnitt exportiert die USA etwa die Hälfte des produzierten Weizens ins Ausland.

Material

Informations- und Arbeitsblatt, Atlas

Aufgabe

Bestimme die Schwerpunkte des Weizenanbaus und erläutere deren Lage unter Berücksichtigung der Standortansprüche der Pflanzen und den natürlichen Bedingungen.

Kornkammer — Informations- und Arbeitsblatt

❶ Bestimme die Schwerpunkte des Weizenanbaus und erläutere deren Lage hinsichtlich den Standortansprüchen der verschiedenen Weizenarten und den natürlichen Bedingungen wie Klima, Bodengüte und Oberflächengestalt. Benutze entsprechende Karteninformationen im Atlas. Stelle die Ergebnisse in einer Übersicht dar.

Vorwiegend Weizenanbau in …	Weizenart	Ansprüche und Bedingungen

Weizen (Triticum): Gattung der Süßgräser, einjährige oder winterannuelle Ährengräser mit zweizeilig stehenden, begrannten oder unbegrannten Ährchen. Wichtigste Arten:

Hartweizen (Triticum durum) mit länglichen, zugespitzten, harten und glasigen Körnern; Wärme liebend, kommt mit relativ wenig Niederschlag aus.

Saatweizen (Triticum aestivum, triticum sativum) mit vollrunden bis länglich-ovalen Körnern, wird in zahlreichen Sorten als Sommer- und Winterweizen angebaut; verlangt schwere, nährstoffreichere Böden, die nicht so schnell austrocknen, und ausreichend hohe Temperaturen im Sommer; nach der Kälteempfindlichkeit unterscheidet man den ertragsstärkeren Winterweizen, der bereits im Herbst gesät wird, wintermilde Steppengebiete erträgt und früher reift, und Sommerweizen mit Spezialzüchtungen, die in kurzen Vegetationszeiten reifen können.

Weizen wird als Brotgetreide, für Grieß, Teigwaren (v. a. Hartweizen), zur Stärkegewinnung, zur Bier- und Whiskyherstellung und als Viehfutter verwendet.

Hartweizen

Saatweizen

Abb.: Verteilung der abgeernteten Weizenanbauflächen in den USA für das Jahr 1997

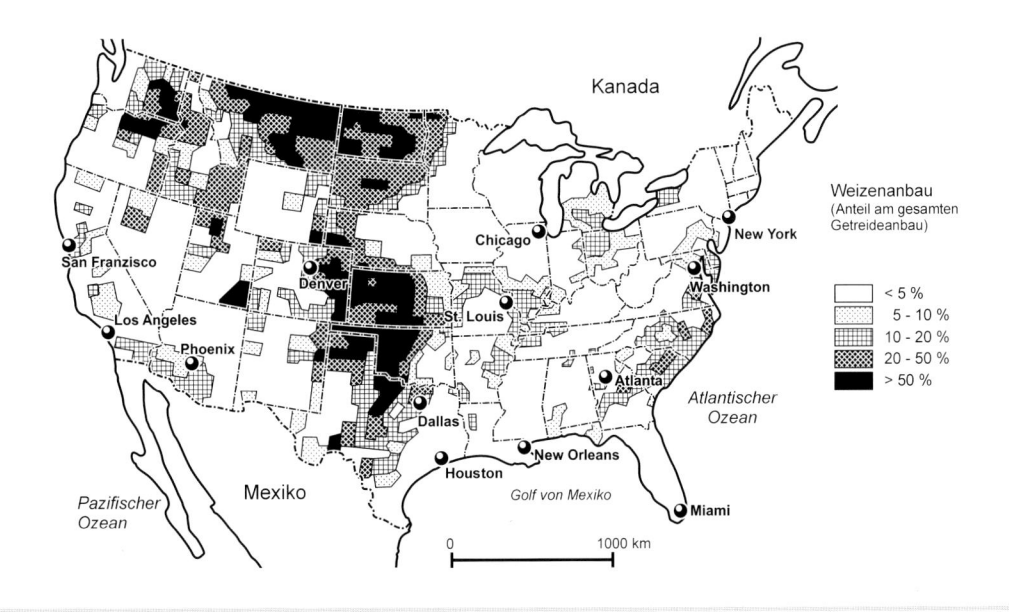

Dust Bowl

Thema

Zu Beginn des 20. Jahrhunderts wurde in den Great Plains immer mehr Prärie in Ackerland umgewandelt. Dabei nutzte man auch Gebiete, die im langjährigem Durchschnitt viel zu trocken sind. Dies hatte in Dürreperioden katastrophale Folgen: heftige Stürme wehten den fruchtbaren Boden weg. Dust Bowl (Staubschüssel) steht für diese immense Bodenerosion in den Jahren von 1931 bis 1939. Zudem haben heftige Regenschauer tiefe Rinnen in die Äcker gerissen und den Boden fortgeschwemmt. Hunderttausende Farmer verloren ihre Existenz. Seit dieser Zeit entwickelte man verschiedene Methoden zum Schutz des Bodens.

Material

Experiment 1 oder Experiment 2
Informations- und Arbeitsblatt

Aufgabe

1. Führe Experiment 1 oder Experiment 2 durch und werte deine Beobachtungen aus.
2. Informiere dich über die Maßnahmen zur Verminderung der Bodenerosion durch Wasser und Wind. Beschreibe die Bodenschutzmaßnahmen und deren Wirkungsweise.

Dust Bowl   Experimente

❶ Führe Experimentreihe 1 oder 2 durch und notiere deine Beobachtungen.

Experiment 1

Material:
– Kunststoffschale, fingerbreit mit feinem Sand (Vogelsand) gefüllt
– Kunststoffschale mit Grassode gefüllt
– Kunststoffschale abwechselnd mit Grassoden- und Sandstreifen gefüllt, Haarfön

Durchführung: Halte den eingeschalteten Fön schräg vor die Kunststoffschale und blase Luft über die jeweilige Schale.

Beobachtung: ....

....

....

Experiment 2

Material:
– Kunststoffschale, fingerbreit mit Erde gefüllt
– Kunststoffschale mit Grassoden gefüllt
– 2 Kanthölzer, Auffangwanne, Gießkanne mit Wasser

Durchführung: Stelle die gefüllten Schalen jeweils so auf ein Kantholz, dass diese geneigt sind. Simuliere mit der Gießkanne einen Starkregen.

Beobachtung: ....

....

....

Dust Bowl Maßnahmen gegen Bodenerosion — Informationsblatt

Interview mit einem Farmer in Finney Country, Kansas

- *Bill, Sie sind hier seit vielen Jahren Farmer und kämpfen gegen die Bodenerosion. Was tun Sie gegen den Verlust des Bodens?*

Die Erosion auf meinem Land habe ich lange Zeit gar nicht als Problem gesehen. Denn die Bodenverluste durch Wind und Wasser gehen meist schleichend voran. Zum Schutz des Bodens wende ich hauptsächlich den Streifenanbau mit Konturpflügen sowie das residue management an.

- *Was bedeuten die Methoden und wie wirken sie?*

Ich baue hauptsächlich Weizen an, das kann ich aber wegen der geringen Niederschläge nicht jedes Jahr machen. Deshalb schalte ich immer ein Jahr Brache ein, bevor ich wieder Weizen anpflanze. Damit aber nicht ständig große Flächen ohne Vegetation sind, habe ich die Felder in Streifen eingeteilt, so dass sich immer ein Streifen Weizen mit einem Streifen Brache abwechselt. Die Breite der Streifen variiert zwischen 15 und 100 m, je nachdem was angebaut wird und wie groß das Erosionsproblem ist.

- *Müssen beim Streifenanbau noch andere Aspekte berücksichtigt werden?*

Meine Felder sind zumeist in hügeligem Gelände. Sie sollten immer parallel zu den Höhenlinien verlaufen, damit der Oberflächenabfluss gebremst wird. Das bedeutet auch, dass ich entlang der Höhenlinie pflüge und die Pflugspuren geringe Wassermengen auffangen können. Im flachen Gelände legen wir die Felder quer zur Hauptwindrichtung an, da hier die einfallenden Winde gefährlicher sind. Auch wechseln wir die Anbaufrüchte: nach Halmfrüchte folgen Blattfrüchte, damit der Boden nicht einseitig ausgenutzt wird.

- *Und was bedeutet „residue management"?*

Das bedeutet, dass nur die fruchttragenden Bestandteile der Pflanzen und die Pflanzenreste, d. h. das residue, möglichst lange auf dem Feld bleiben. Dann werden mit einem speziellen Bearbeitungsgerät noch die Wurzeln im Boden durchtrennt, so dass die Pflanzenreste keine Bodenfeuchte mehr verbrauchen können. Danach sollte das Feld so wenig wie möglich bearbeitet werden.

- *Warum macht man das?*

Solange Pflanzen den Boden bedecken, können Wind und Wasser nicht direkt auf ihn einwirken. Es ist der einfachste und billigste Erosionsschutz, den es gibt.

- *Auf einem Feld werden Terrassen gebaut. Das ist eine der teuren Maßnahmen gegen Wassererosion. Reicht der Streifenbau nicht mehr aus, die Erosion zu verhindern?*

Über längere Zeit hatte sich auf einem Feld eine Abflussrinne gebildet, die ich mit meinem Gerät nicht mehr beseitigen konnte. Also werden jetzt Terrassen angelegt, die parallel zu den Höhenlinien verlaufen und den Oberflächenabfluss stoppen und das Wasser zum Einsickern bringen.

- *Gibt es sonst noch Erosionsschutzmaßnahmen, die besonders häufig angewandt werden?*

Ja, Windschutzstreifen. Das sind Anpflanzungen aus Bäumen und Sträuchern oder hochwachsenden Gräsern. Sie werden rechtwinklig zur Hauptwindrichtung angelegt und schützen das im Windschatten liegende Feld. Je höher eine Barriere ist, desto größer ist der geschützte Raum. Es dürfen aber keine großen Lücken vorhanden sein, da hier der Wind wie durch eine Düse verstärkt wird und mehr Kraft erhält. Besonders erosionsgefährdete Hänge und Rinnen werden aufgeforstet oder in Dauergrünland zurückverwandelt.

Quelle: geändert nach Michel, I.: Vom Winde verweht, vom Wasser zerfressen? PG 1997, H. 4, S. 37

Dust Bowl Maßnahmen gegen Bodenerosion — Arbeitsblatt

❶ Informiere dich über die Maßnahmen zur Verminderung der Bodenerosion durch Wasser und Wind. Beschreibe die Bodenschutzmaßnahmen und deren Wirkungsweise.

Bezeichnung der Maßnahmen	Maßnahmen zur Verminderung der Bodenerosion und deren Wirkungsweise
contour ploughing (Konturpflügen)	
strip farming	
Terrassierung	
Fruchtwechsel	
Umwandlung in Grasland oder Wald	
residue management/ stubble mulching	
Windbarrieren	

Where have all the Cowboys gone …?

Thema	Rinderhaltung – von der Cowboyromantik zum Agribusiness
Material	Arbeitsblatt, Atlas
Aufgabe	Vergleiche die Viehhaltung früher und heute.

Where have all the Cowboys gone …? Arbeitsblatt

1. Berechne, wie lang ein Rindertrail von Laredo/Texas bis Laramie/Wyoming dauerte, wenn die Herde im Durchschnitt 15 km pro Tag vorankam?
2. Warum wurden solche weiten Trails durchgeführt?
3. Nenne Gründe für die Entwicklung von der Ranch zum Feedlot.
4. Welche Nachteile hat die Rindermast in den Feedlots?
5. Nenne typische Merkmale des Agribusiness.

Louise Dillon, Fort Laramie/Wyoming:

Die Steppen im Süden der Great Plains sind für den Ackerbau zu trocken, eignen sich jedoch für eine extensive Rinderhaltung. Je nach Vegetation benötigt hier ein Rind bis zu 30 ha Weidefläche. Es entstanden riesige Ranches. Das Vieh graste frei auf der Steppe. Zweimal im Jahr fand ein Viehauftrieb, der sogenannte Roundup, statt. Dabei trennten die Cowboys die Herden und kennzeichneten die Kälber mit dem Brandzeichen der Ranch. Nach vier bis fünf Jahren waren die Rinder schlachtreif.

Die großen Viehzüge, die Trails, vom Süden zu den Bahnstationen hier im Norden begannen 1865. Der Süden der USA hatte den Bürgerkrieg gegen die Nordstaaten verloren und war bankrott. Auf den Steppen im südlichen Texas tummelten sich zwar Millionen verwilderter Longhorn-Rinder, aber es gab keinen Markt für Fleisch. Da drangen Gerüchte ins Land, dass Hungersnöte die Nordstaaten heimsuchten. In Chicago erbrachte ein Longhorn-Rind vierzig Dollar, zehnmal so viel wie im Süden. Um das Vieh nach Norden zur Bahnlinie nach Chicago zu treiben, heuerte man jeden an, der ein Pferd besteigen konnte.

Von 1865 bis 1885 wurden etwa zehn Millionen Rinder von 40.000 Cowboys über die Prärie zu den Bahnstationen getrieben.

Heute gibt es freie, artgerechte Rinderhaltung auf der Prärie nur noch in kleineren, meist wenig rentabel wirtschaftenden Familienbetrieben. Sie produzieren für den lokalen Markt. Wir im Westen legen Wert auf erstklassige Steaks.

Garry Oden, Manager der Mc Elhaney Cattle Company im südwestlichen Arizona:

Cowboy-Romantik findet in Hollywood statt, die Realität ist bestimmt von Rationalisierung, Profit und Agribusiness. Futtermittelanbau, Rindermast, Schlachthof und Warenvertrieb an Supermärkte, Restaurants und Imbissketten gehören zu einem Unternehmen.

Unser Betrieb mästet auf 240 ha rd. 90.000 Rinder. Sie stehen in Feedlots, immer 250 Tiere zusammen. Longhorns sind nicht darunter, sie würden zu viel Platz verbrauchen, sich gegenseitig in den engen Pferchen verletzen, zudem setzen sie nicht schnell genug Gewicht an. Die Viehhaltung in der Halbwüste ist sehr billig: niedrige Bodenpreise, Ställe sind nicht notwendig, eingezäunte Pferche genügen. Wegen der Sonne sind Überdachungen nötig, im Sommer bei 38 °C kühlen Sprinkleranlagen das Vieh.

Täglich verbrauchen wir 800 t eiweißreiches, wachstumsförderndes Futter. Getreide, Soja und Klee werden von Vertragslandwirten für uns produziert, in eigenen Mühlen gemahlen und mit Zusätzen angereichert. Computer berechnen je nach Alter der Rinder die optimale Futtermenge und -zusammensetzung. LKW bringen das Spezialfutter zu den Futtertrögen entlang der Pferche. Eine Arbeitskraft kann bis zu 6000 Tiere versorgen. Bei einer Gewichtszunahme von 1,5 kg täglich erreichen die Rinder nach 150 Tagen ihr Schlachtgewicht von 600 kg. Täglich verarbeitet unser Schlachthof 750 Rinder.

Obst- und Gemüsegarten der USA

Thema

Landwirtschaft in Kalifornien

Material

Arbeitsblatt, Atlas

„Stone – die Industrietomate":
Wissenschaftler züchten die neue, maschinengerechte Tomate.

Neue Erfolge der Landmaschinentechnik: der Tomatenvollernter.

„Wasserverschwendung im Central Valley":
Politiker aus Nordkalifornien weigern sich, noch mehr Wasser nach Süden zu führen. Landwirtschaft größter Wasserverschwender

Immer mehr mexikanische Wanderarbeiter strömen nach Kalifornien.

„Sunkist" – die Genossenschaft, die alles organisiert:
von der Ernte bis zum Verkauf.

Obst- und Gemüsegarten der USA — Arbeitsblatt

❶ Erkläre, weshalb die Wasserversorgung Kaliforniens größtes Problem ist.

❷ Untersuche mithilfe geeigneter Atlaskarten, weshalb sich Kalifornien trotzdem zum Obst- und Gemüsegarten der USA entwickeln konnte.

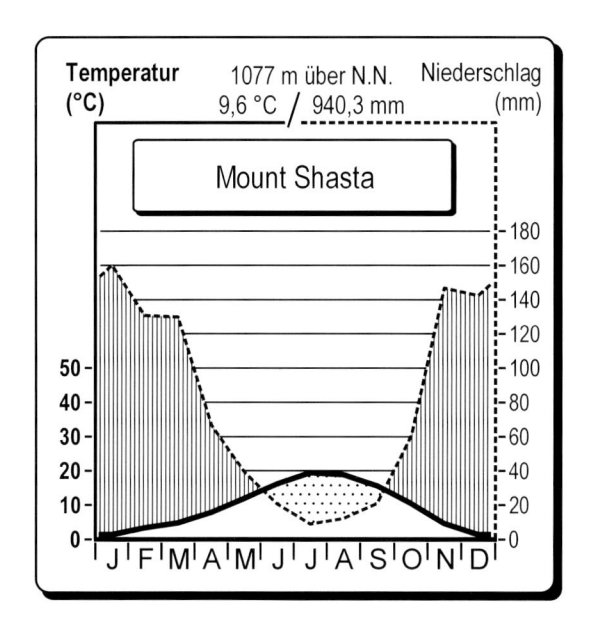

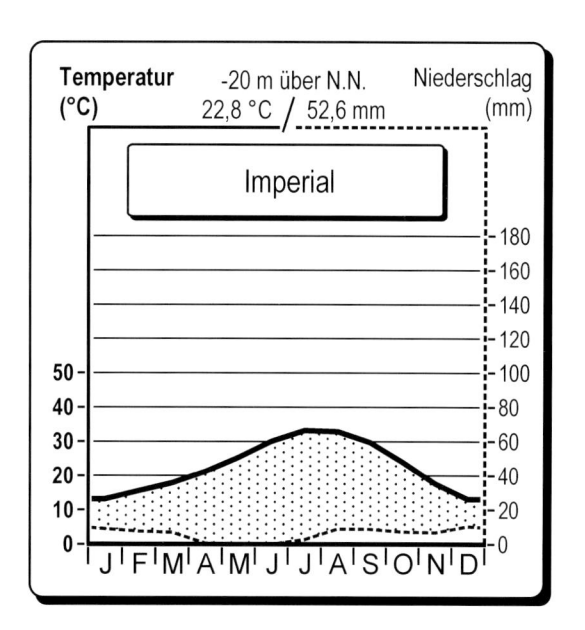

Mount Shasta — 1077 m über N.N., 9,6 °C / 940,3 mm

Imperial — -20 m über N.N., 22,8 °C / 52,6 mm

Kalifornien ist der bevölkerungsreichste Staat (32,7 Mio. E).
Kaliforniens Industrie und Dienstleistungsunternehmen gehören zu den leistungs- und wachstumsstärksten der USA.

Kalifornien besitzt nur 3 % der landwirtschaftlichen Nutzfläche, erzeugt aber über 55 % der gesamten Obst- und Gemüseernte, 70 % der Ackerflächen werden bewässert.

Die zwanzig wichtigsten Farmprodukte Kaliforniens

	Rangplatz	Verkaufswert in Mio. $, 1995		Rangplatz	Verkaufswert in Mio. $, 1995
Milch und Sahne	1	3078	Erdbeeren	11	552
Weintrauben	2	1839	Apfelsinen	12	458
Setzlinge, junge Pflanzen	3	1500	Hühner	13	384
Rinder und Kälber	4	1290	Broccoli	14	318
Baumwollfasern	5	1063	Walnüsse	15	314
Kopfsalat	6	987	Reis	16	309
Mandeln	7	858	Eier	17	288
Heu	8	847	Karotten	18	287
Tomaten, Verarbeitung	9	672	Sellerie	19	246
Blumen, Blumengrün	10	672	Honigmelonen	20	237

The Tortilla – Curtain

Thema — Minderheiten in den USA (Hispanics)

Material — Spielplan, Spielkarten

Aufgabe — Informiert euch über die Situation illegaler mexikanischer Einwanderer.

Die Spanisch sprechende Bevölkerungsgruppe der **Hispanics** oder **Latinos** (27 Mio.) prägt in vielen Städten in Kalifornia, Arizona, New Mexico, Texas und Florida bereits sprachlich und kulturell das öffentliche Leben. Sie lehnt Integrationsbemühungen der Regierung oft ab. Selbstbewusst fordern die Hispanics bilinguale (zweisprachige) Schulen und die Anerkennung von Spanisch als zweite Amts- und Verkehrssprache. Die meisten Fernsehsender im Süden strahlen inzwischen auch spanische Programme aus.

Jährlich versuchen ca. 1 Mio. Einwanderer illegal über die 3.000 km lange Grenze zwischen Mexiko und den USA zu kommen. Sie durchschwimmen den Rio Grande und versuchen die Grenzbefestigungen, den **Tortilla-Curtain,** zu überwinden um an den Wachposten vorbei ins „gelobte Land" zu gelangen. Während der Erntezeit sind die Kontrollen lascher. Die kalifornische Landwirtschaft braucht die billigen Arbeitskräfte.

The Tortilla – Curtain

Spielplan

„Willkommen in Amerika: allen die verfolgt und mit Sorgen beladen sind."

Ereigniskarten Candido

Ereigniskarten Del

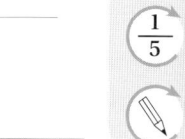

Mexico

Einwohner:	91 Mio 48 je km²
Einkommen:	3700 $/Jahr
Kindersterblichkeit:	3,5 %
Analphabeten:	über 10 %
Erwerbstätige in Landwirtschaft:	24,2 %
Industrie:	22,4 %
Dienstleistungen:	53,0 %
Arbeitslosigkeit/ Unterbeschäftigung:	> 40 %

USA

Einwohner:	268 Mio 27 je km²
Einkommen:	29.080 $/Jahr
Kindersterblichkeit:	0,8 %
Analphabeten:	unter 5 %
Erwerbstätige in Landwirtschaft:	2,6 %
Industrie:	23,9 %
Dienstleistungen:	73,5 %
Arbeitslosigkeit/ Unterbeschäftigung:	4,2 %

The Tortilla – Curtain   Ausschneidebogen

Tortilla Curtain heißt der Roman von **T. C. Boyle**, der in den USA eine heftige politische Diskussion auslöste. Der lesenswerte Roman ist auf Deutsch als Taschenbuch mit dem Titel „America" (dtv 12519) erschienen. Die schräg gedruckten Textstellen auf den Ereigniskarten sind wörtlich zitiert. Der übrige Text ist aus den Romanerzählungen nachempfunden.

Spielregeln: (4 Spieler, Spielbrett, zwei Spielfiguren, je 7 Ereigniskarten sortiert)

1. Zwei von euch setzen sich als Mexikaner mit ihrer Spielfigur auf das weiße Startfeld der mexikanischen Seite, die beiden anderen als US-Bürger auf das graue amerikanische Startfeld.

2. Nun lest die zum Spielfeld gehörende Ereigniskarte – jede Gruppe für sich und leise. Zieht dann gleichzeitig zum nächsten Spielfeld und verfahrt dort ebenso wie auf dem Spielfeld zuvor.

3. Wenn ihr das letzte Spielfeld erreicht habt, steht auf der jeweiligen Ereigniskarte, wie ihr das Spiel weiter gestalten sollt.

Du, **Candido** Garcia, 19, konntest als Sohn eines mexikanischen Kleinbauern nur wenige Jahre die Schule besuchen. Du musstest auf dem Hof mitarbeiten und hast ab 13 mit deinen drei älteren Brüdern als Saisonarbeiter auf einer Zuckerrohrplantage geschuftet. Mit 17 bist du in die Großstadt Culiacan abgewandert. Dort hast du dich mit Gelegenheitsjobs auf Baustellen durchgeschlagen. Drei Monate warst du als Illegaler in Los Angeles. Deine Verlobte **America** Lopez, 16, lebte mit ihrer Mutter und fünf Geschwistern in einer Barriada, einer Hüttensiedlung am Rande von Culican. America hat ihre Arbeit in der Textilfabrik verloren. Ihr seid gesund und fleissig, dennoch sind eure Zukunftsaussichten schlecht. Ohne Bildung erwartet euch ein Leben in Armut und Verzweiflung. Ihr wollt euer Glück in Los Estados Unidos suchen. Da ihr keine „Greencard", die Berechtigung zur Einwanderung und Arbeit bekommt, wählt ihr den illegalen Weg. Heute Nacht werdet ihr durch den Fluss schwimmen und versuchen, den Grenzzaun, den Tortilla-Curtain, zu überwinden. Für den Tipp über eine sichere Stelle habt ihr teuer bezahlt.

①

Dein Name ist **Del Mossbacher**, du bist weißer US-Amerikaner, Angehöriger der kalifornischen Mittelschicht und in zweiter Ehe mit **Kyra**, einer sehr erfolgreichen Immobilienmaklerin verheiratet. Du kümmerst dich um den Haushalt, um Kyras Sohn und um ihren Hund. Daneben schreibst du regelmäßig Artikel für ein Naturschutzmagazin. Ihr lebt in der exklusiven Wohnanlage Arroyo Blanco Estades, südlich von Los Angeles am oberen Ende eines Canyons, eines Naturschutzgebietes.

1

The Tortilla – Curtain — Ausschneidebogen

(2)

Ohne Geld, Arbeit und Wohnung campt ihr in einem kleinen ausgetrockneten Canyon südlich von Los Angeles, unweit der vornehmen Wohnanlage Arroyo Blanco Estades. Hier im Canyon „gibt es Wasser, der Sand ist sauber und niemand macht euch etwas streitig. Bei Candidos erster Fahrt in die USA hauste er mit 32 anderen Männern in einer Zweizimmerwohnung in Los Angeles. Unvergesslich ist ihm das schichtweise Schlafen, der Gestank in der Wohnung und die Schaben und Läuse. Hier im Canyon ist es anders. Hier seid ihr sicher vor dem ganzen Schmutz und dem Abschaum der Stadt, vor la Chota- der Polizei – und la Migra, der Einwanderungsbehörde. Zuveimal hatte Candido hier schon Arbeit gefunden, zu drei Dollar die Stunde- einmal bei einem Bauunternehmer, der eine Steinmauer aufgestellt haben wollte, und dann bei einem Reichen im Jaguar, der zwei Männer brauchte, die eine Senke hinter seinem Haus vom Gestripp befreiten. Und jeden Morgen, wenn Candido nun erneut versucht, irgendeine Arbeit zu bekommen, ohne zu wissen, ob er mittags oder nach Einbruch der Dunkelheit zurückkäme, schärft er America ein, das Feuer zu löschen und sich nicht blicken zu lassen."

(2)

Arroyo Blanco Estades „ist eine private Anlage, zu der ein Golfplatz, zehn Tenniscourts, ein Gemeinschaftsgebäude und etwa 250 Eigenheime gehören, die jeweils auf einem 0,6 Hektar großen Grundstück stehen und im Aussehen akkurat den Richtlinien, Vorschriften und Einschränkungen der 1973 Klauseln der Gründungsstatuten entsprechen. Die Häuser sind alle im spanischen Missionsstil entworfen und in einem von drei zugelassenen Weißtönen gestrichen, mit hellroten Ziegeldächern. Wer sein Haus himmelblau oder in provinzialischem Rosa mit froschgrünen Fensterläden haben wollte, dem stand es selbstverständlich frei, ins San Fernando Valley oder nach Santa Monica oder sonstwohin zu ziehen, aber wenn man sich in Arroyo Blanco Estades einkaufte, dann hatte man ein weißes Haus und ein hellrotes Dach."

Du belädst deinen Wagen mit sorgsam getrenntem Müll um ihn zum Recycling Zentrum zu bringen.

(3)

Du, Candido, noch schlaftrunken und durchgefroren, machst dich auf die tägliche Suche nach Arbeit. Du willst die stark befahrene Straße oberhalb des Canyons überqueren, als du von einem Auto erfasst und in den Straßengraben geschleudert wirst. Benommen bleibst du liegen. Der Autofahrer, ein weißer Amerikaner, steigt aus dem Auto, schüttelt dich und redet aufgeregt auf dich ein. Du verstehst ihn nicht. Dann drückt dir der Mann 20 Dollar in die Hand und fährt weiter. Du schleppst dich schwer verletzt hinunter in den Canyon zu America, wo du zusammenbrichst.

(3)

Gerade hast du einen ärmlich und mexikanisch aussehenden Mann, der unachtsam die stark befahrene Straße überqueren wollte, mit deinem Auto angefahren. Du steigst aus und erkennst, dass der im Straßengraben liegende Mann wieder zu sich kommt. Er ist verletzt, blutet im Gesicht und am Arm. Er versteht dich nicht, will anscheinend keine Hilfe. Du weißt nicht was du tun sollst. Schließlich drückst du dem Mann 20 Dollar in die Hand, die er ohne Dank nimmt und dann fährst du weiter.
Als deine Frau von dem Unfall erfährt, fürchtet sie hohe Schmerzensgeldforderungen. Du beruhigst sie: „mit dem Mann ist alles in Ordnung … nur ein paar Schrammen. Ich habe ihm 20 Dollar gegeben." „Zwanzig … ?" „Ich sage dir doch – es war ein Mexikaner."

The Tortilla – Curtain

Ausschneidebogen

④

Candido liegt fünf Tage im starken Fieber, während America ihn pflegt und seine Wunden versorgt. Da Candido ein Illegaler ist, getraut sich America nicht, einen Arzt oder die Polizei aufzusuchen, da sie sonst an La Migra übergeben würden, welche sie beide nach Mexico zurückbringen würde.
Nach der Genesung von Candido habt ihr beide einige Wochen lang immer wieder kurzfristige Jobs gefunden. Über 200 Dollar konntet ihr sparen, für die Verwirklichung eures Traums.

Es ist etwas Fürchterliches passiert. Ein Kojote ist aus dem Canyon herauf gekommen und in die Wohnsiedlung eingedrungen. In deinem Garten schnappte er sich den kleinen Terrier deiner Frau. Später hast du den Rest des gerissenen Hundes gefunden.
Nach dieser Todesnachricht verfiel deine Frau für mehrere Tage in einen krankhaften Zustand.

⑤

Eines Abends auf dem Rückweg zu „eurem Canyon" hat euch La Migra gefasst. Irgend jemand hatte euer Lager im Canyon entdeckt und La Migra benachrichtigt, welche euch nun nach Mexico zurück transportiert. „Dabei wart ihr so nahe dran gewesen- noch zwei, drei Wochen regelmäßige Arbeit und ihr hättet die erträumte Wohnung mieten können, hättet euch ein Heim schaffen können, in frisch gewaschenen Kleidern euch bewegen können, im Bus fahren und in irgend einem Hinterzimmer oder in einer kleinen Fabrik etwas finden können, wo es egal war; ob man Papiere hat oder nicht. Und dann in ein, zwei Jahren, hättet ihr die grüne Karte (zwecks Einbürgerung) beantragen können. Jetzt aber ist der Traum vorbei, denn ihr seid wieder in Mexico, diesem korrupten bankrotten Land, wo es 40 % Arbeitslose gibt, aber jedes Jahr eine weitere Million Menschen auf Stellungssuche geht, wo die Inflation so hoch ist, dass die Bauern ihre Ernte verbrennen, und wo nur die Reichen genug zu essen haben."

Bei einer Wanderung im nahen Canyon machst du eine Entdeckung .... Einkaufswagen, Tortillas, der Pfad in den Canyon hinab – hier unten campt der angefahrene Mexikaner: Er campt, lebt, haust dort. Macht die Bäume und Sträucher, die ganze Wildnis zu seiner Privatwohnung, kackt in die Büsche, kippt seinen Müll hinter die Felsen, vergiftet den Bach und ruiniert die Natur für alle anderen. Das dort unten ist Staatsbesitz – vor den Baufirmen und ihren Bulldozern gerettet und für die öffentliche Erholung reserviert, für die Natur, nicht für irgendein Freiluftghetto. Diese Menschen machen dir Sorgen, die Mexikaner, die Schwarzen, die Vergewaltiger, Bettler und Autodiebe. Deshalb hast du mit deiner Frau ja die Stadt verlassen, um hier oben zu leben, außerhalb der Stadtgrenzen und inmitten dieser traumhaften Szenerie". Nun wirst du wohl der Einwanderungsbehörde Meldung machen müssen.

The Tortilla – Curtain

Ausschneidebogen

---

⑥

Teuer bezahlte Schlepper, Coyotes, bringen euch wieder zurück in die USA. Kaum angelangt, werdet ihr von den Landsleuten verprügelt, ausgeraubt und America wird vergewaltigt. Ihr steht nun wieder an der Straße zur Arroyo Blanco Estades, völlig mittellos, aber mit dem eisernen Willen, wieder von vorne anzufangen. „Und worum ging es bei alledem? Um Arbeit, sonst nichts. Um das Recht zu arbeiten, einen Job zu haben, sich das tägliche Brot und ein Dach über dem Kopf zu verdienen. Ihr werdet zu Verbrechern allein dadurch, dass ihr es wagt, das ebenfalls zu wollen, und für das schlichte menschliche Existenzminimum alles aufs Spiel zu setzen. Wirklich. Diese Menschen, diese Nordamericanos: wer gab ihnen das Recht auf alle Reichtümer dieser Welt? Sie leben in ihren gläsernen Palästen mit Toren und Zäunen und Alarmanlagen, sie lassen halbgegessenen Hummer und Beefsteaks auf den Tellern liegen, während der Rest der Welt verhungert … Wo ist da nur die Gerechtigkeit?"

Auf einer Bürgerversammlung soll über eine Schutzmauer um Arroyo Blanco Estades abgestimmt werden. Dein Nachbar: „Ist dir klar, dass die USA in den letzten Jahren mehr Einwanderer aufgenommen haben als alle Länder der Welt zusammen – und dass die Hälfte von ihnen sich in Kalifornien angesiedelt hat? Und das sind nur die legalen Einwanderer; Leute mit Ausbildung, Fertigkeiten und finanziellen Mitteln. Aber was uns umbringt, sind die anderen, die durch den Tortilla-Vorhang im Süden kommen. Das sind Bauern. Keine Bildung, kein Geld, nicht sehr geschickt – alles, was sie zu bieten haben, ist ein kräftiger Rücken, nur ist es die Ironie des Schicksals, dass wir immer weniger kräftige Rücken brauchen, weil wir Roboter und Computer und landwirtschaftliche Maschinen haben, welche die Arbeit von 100 Männern erledigen, und zwar zu einem Bruchteil der Kosten."

---

⑦

Am Weg hinunter zum Canyon trefft ihr den weißen US-Amerikaner, der einst Candido angefahren hat. Er steigt aus seinem Auto aus, um euch nachzugehen. Vielleicht sieht er ja in euch die Schuldigen für den Buschbrand, der vor ein paar Tagen wütete und Villen der Reichen bedrohte.
Für euch geht es ums Ganze! Redet mit dem Nordamericano, versucht ihm eure Lage klarzumachen, und ihn zu überzeugen, euch nicht bei La Migra zu verpfeifen, und euch eine Chance im gelobten Land zu geben.

Du fährst gerade die Straße am Canyon hinunter, als du am Straßenrand den Mexikaner erkennst, den du angefahren hast und der im Canyon campte. Anscheinend ist er mit seiner Frau zurückgekommen. Wahrscheinlich ist er dann auch für den Buschbrand verantwortlich, der vor ein paar Tagen wütete und die gesamte Wohnanlage bedrohte.
Du hältst an und gehst den beiden nach, um sie zu stellen, anzuzeigen und um diesen Menschen endlich deine Meinung zu sagen.

Schwergewichtsmeisterschaft

Thema

Produktionsschwerpunkte der Industrie und Landwirtschaft

Spielanleitung

Benötigt werden: 3 Spieler, Atlas, Würfel, 36 Spielkärtchen, Spielplan.

Studiert die Wirtschaftskarte im Atlas fünf Minuten lang. Danach erhält jeder Spieler zwölf Spielkarten mit den verschiedenen wirtschaftlichen Nutzungen. Dann würfelt der erste Spieler zweimal. Die erste Zahl gilt senkrecht, die zweite Zahl waagerecht (z. B.: 5s und 3w). So wird das Spielfeld ermittelt. Ist es frei, überlege, welche wirtschaftliche Nutzung hier vorherrscht und setze das entsprechende Kärtchen (z. B.: Fahrzeugbau). Nur ein vom Gegner besetztes Feld darf doppelt, aber nicht mit der gleichen Nutzung belegt werden. Auf manchen Feldern gibt es mehrere Hauptnutzungen. Nach jedem Spielzug erfolgt ein Spielerwechsel. Das Spiel endet, wenn ein Spieler alle Kärtchen gesetzt hat.

Überprüft anschließend mit dem Atlas. Jede richtige Setzung erhält einen Punkt. Sieger ist der Spieler mit der höchsten Punktzahl.

Schwergewichtsmeisterschaft — Spielfeld

Schwergewichtsmeisterschaft — Bastelbogen

Schneide die Spielkärtchen aus:

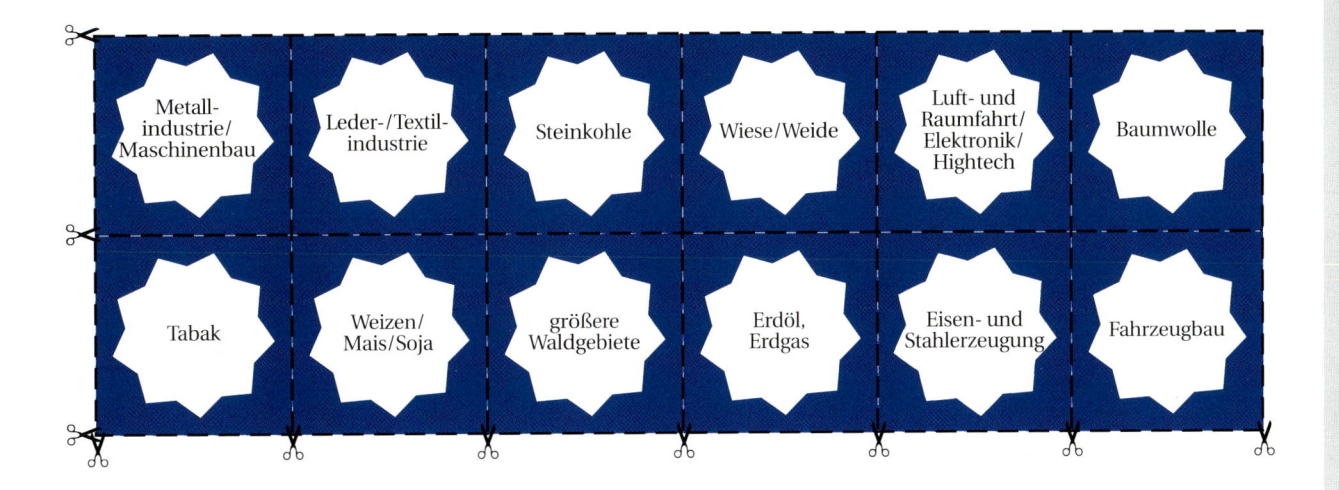

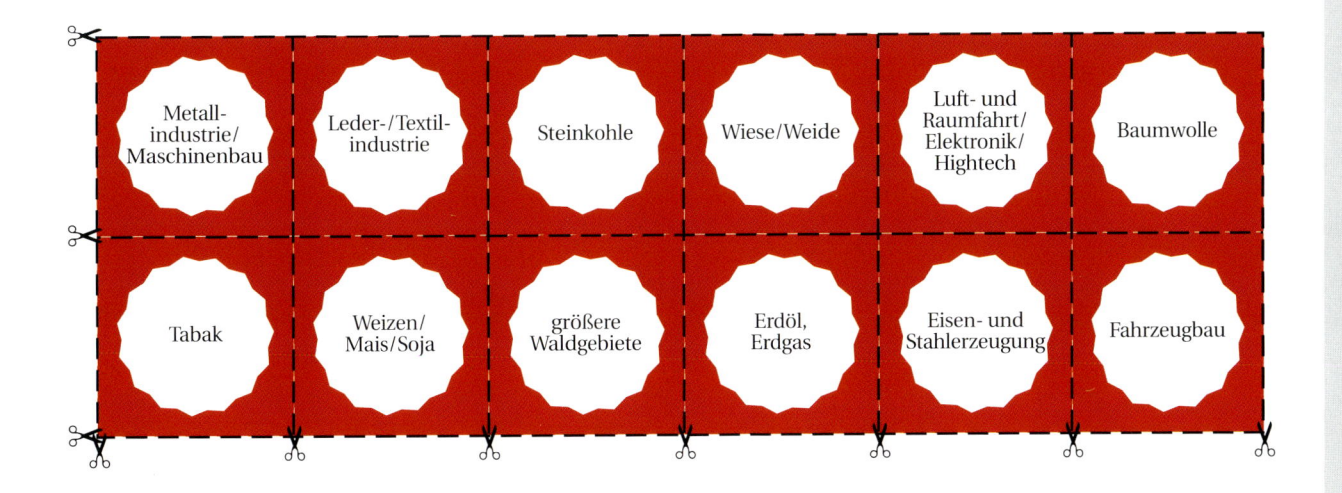

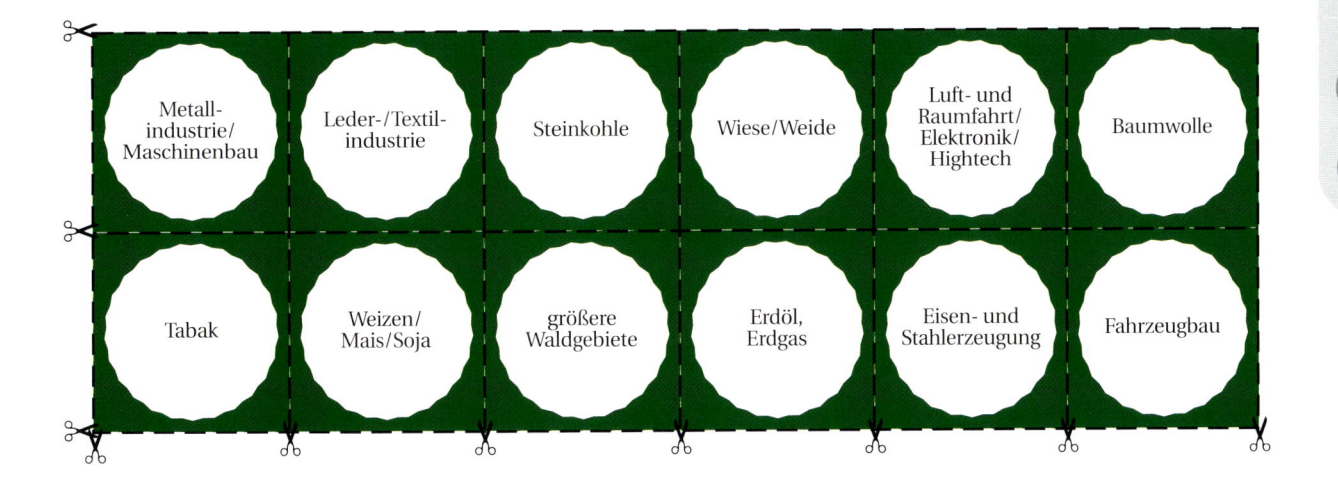

Metall-industrie/Maschinenbau	Leder-/Textil-industrie	Steinkohle	Wiese/Weide	Luft- und Raumfahrt/Elektronik/Hightech	Baumwolle
Tabak	Weizen/Mais/Soja	größere Waldgebiete	Erdöl, Erdgas	Eisen- und Stahlerzeugung	Fahrzeugbau

Metall-industrie/Maschinenbau	Leder-/Textil-industrie	Steinkohle	Wiese/Weide	Luft- und Raumfahrt/Elektronik/Hightech	Baumwolle
Tabak	Weizen/Mais/Soja	größere Waldgebiete	Erdöl, Erdgas	Eisen- und Stahlerzeugung	Fahrzeugbau

Metall-industrie/Maschinenbau	Leder-/Textil-industrie	Steinkohle	Wiese/Weide	Luft- und Raumfahrt/Elektronik/Hightech	Baumwolle
Tabak	Weizen/Mais/Soja	größere Waldgebiete	Erdöl, Erdgas	Eisen- und Stahlerzeugung	Fahrzeugbau

Die noch ungelösten Fälle des FBI: die Powerball-Gang

Material Arbeitsblatt, Atlas

Aufgabe Du bist intelligent.
Du hast detektivisches Gespür.
Du verfügst über solide Geografiekenntnisse.
Das FBI braucht deine Hilfe.
Löse den Fall „Powerball Gang".

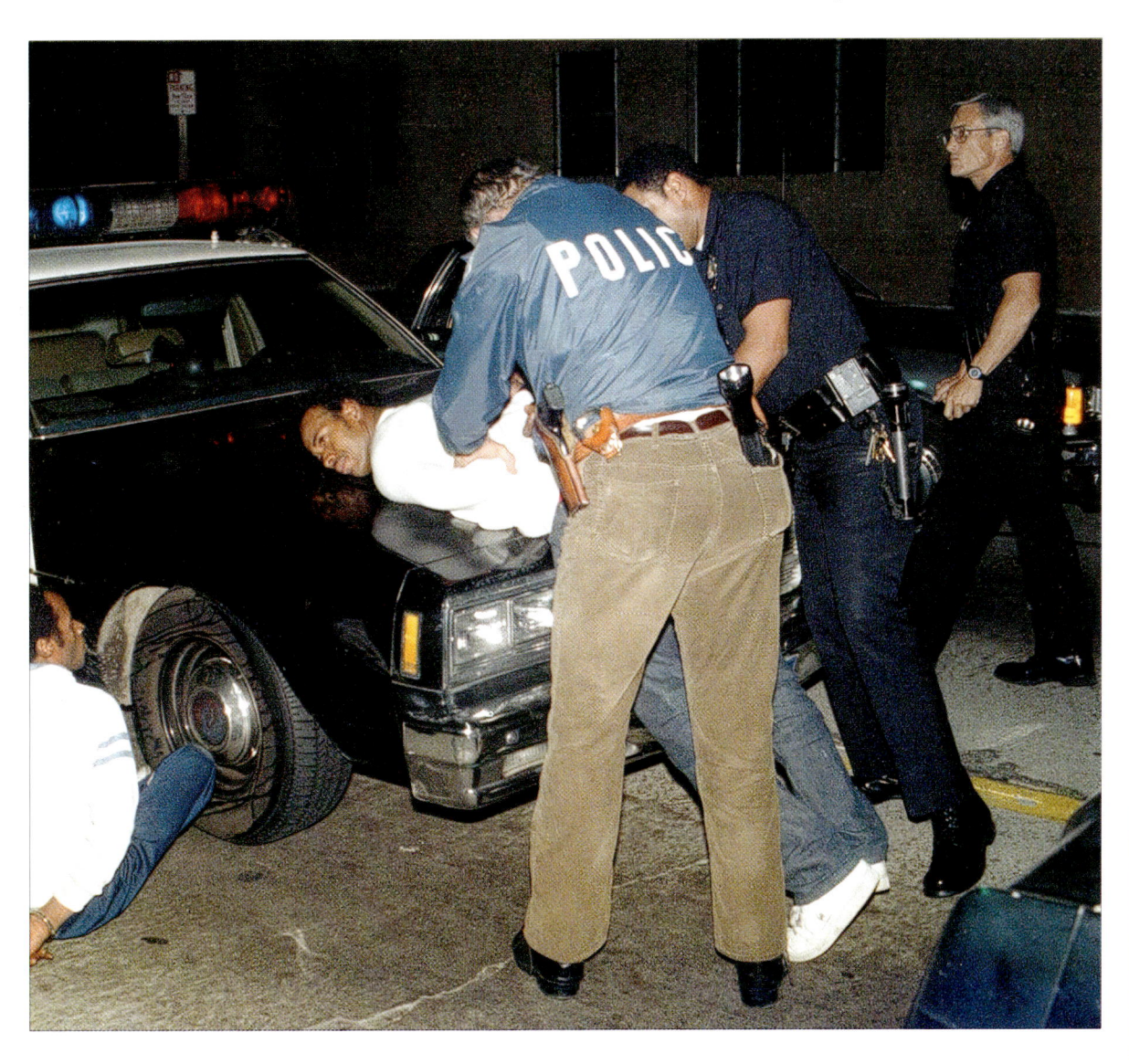

Die noch ungelösten Fälle des FBI: die Powerball-Gang

Arbeitsblatt

Bei der Powerball Lottery hat sich ein Jackpot von 295 Mio. US-$ angesammelt. Er soll am Thanksgiving Day ausgespielt werden. Bis dahin lagert das Geld in einem Banktresor an einem geheimen Ort.

FBI-Agenten ist aufgefallen, dass Radiosender in verschiedenen Staaten eine Woche lang jeweils um Mitternacht den alten Hit „Money" von Pink Floyd spielten. Daraufhin setzten sich polizeilich bekannte Verbrecher in Bewegung: Willy Gibson (Safeknacker), Joe Ramirez (Fachmann für Alarmanlagen), Mark Bronsky (Waffen- und Sprengstoffspezialist), Sharon Moon, genannt „die Katze" (Einbrecherin), Ken Black Crow (Techniker), Malcom Jones (Computerfachmann), Dave Wilder (ehemaliger Rennfahrer und Fälscher), Iona Shapiro (Hackerin), Dusty McBride (ehemalige Bankerin). Das FBI startete eine Großfahndung. Aus zahlreichen Staaten der USA kommen Hinweise zu den Gesuchten.

Stelle fest, aus welchem Staat jeder Hinweis kommt. Die Nummer in Klammern bezeichnet den gesuchten Buchstaben dieses Staates. Alle Buchstaben ergeben das Lösungswort, den Ort, an dem das Geld versteckt ist. Eine Person hat sich verplappert und gibt unbeabsichtigt einen wichtigen Hinweis.

Radiosender „Power on wire": Ein Mann, der sich nachts um 3.00 Uhr bei der Radiostation für seine Frau den Titel „Hot dog jumping to Albuquerque" gewünscht. (4)

Ruby Red, Verkäuferin in einem Modehaus: Ein richtiger Hinterwäldler war das, Fellmütze, karierte Wolljacke, Bergschuhe, unrasiert. Er hätte in den Blauen Bergen nach Gold gesucht – muss wohl welches gefunden haben. Drei neue Anzüge hat er mit 100-Dollarscheinen aus einem dicken Bündel gezahlt. (2)

Flugplatz Baton Rouge: Ein gut gekleideter, schwarzer Geschäftsmann hat heute Morgen ein Flugzeug gemietet und es mit diversen Hightech-Geräten beladen. (9)

Sherrif Hunter: In schwarzer Dodge Viper, Kennzeichen unbekannt, ist mit 180 km/h über die Tallahassee-Bridge gedonnert. Der Fahrer ist entkommen, da der Streifenwagen bei der Verfolgung von der Straße abkam. (2)

Frank Lubbock, Zugschaffner: Der ältere Herr hielt seinen Handkoffer die ganze Zeit fest, er wirkte sehr nervös. In Chattanooga hat er den Zug verlassen, obwohl er eine Fahrkarte bis New York hatte. Seinen Mantel hat er vergessen. (5)

Arthur Peterson, Handelsvertreter: Ich war auf der Route 66 nach Süden. An der Raststätte hab ich die tolle Frau kennengelernt. Ihr Parfüm ist mir gleich aufgefallen. Wir hatten ein paar Drinks, dann musste ich mal zur Toilette. Als ich zurückkam, war die Frau weg, mein Auto und meine Brieftasche auch. Dusty Springfield hat sie sich genannt. (4)

Paul Wang, Taxifahrer: Heute nacht fuhr ich eine rothaarige Nonne mit Nasenring und Laptop zum Flughafen in San Antonio. Sie erzählte, sie komme aus Corpus Christi und fliege durch den Himmel nach Maryland. Also, die kann nicht ganz dicht gewesen sein. (1)

Verkäufer in einem Sportgeschäft: Eine schlanke, sportliche Frau hat bei uns eine komplette Bergsteigerausrüstung gekauft. Sie wollte den Mount Elbert (4.396 m) besteigen. Den Scheck hat sie mit Sharon Moon unterschrieben. Merkwürdigerweise raste sie dann in ihrem BMW in Richtung Osten davon, der Mount Elbert liegt aber westlich von uns. (2)

Tankwart vor Grand Island: Im Morgengrauen schiebt ein Indianer einen rostigen VW Golf in die Werkstatt und sagt: „Crow hat am Platte einen Platten gefahren. Das Ersatzrad hat Crow vor Jahren gegen eine Decke eingetauscht." (3)

Lösungswort: _ _ _ _ _ _ _ _ _ _ _

Lösungen

- It never rains in Southern California
- Tornados
- Hurrikans
- Go West
- This land is your land
- Townships and Sections
- Die USA – ein Einwanderungsland
- The Sound of America
- Black America
- New York – New York

- A North American City
- Die mit den Bäumen reden
- Die von den Bäumen reden
- Landwirtschaft im Überblick
- Superkorn und Superbohne
- Kornkammer
- Dust Bowl
- Where have all the cowboys gone?
- Obst- und Gemüsegarten
- Die noch ungelösten Fälle des FBI

It never rains in Southern California.... Lösung

Sind alle Fotos den richtigen Regionen zugeordnet, ergeben die Kennbuchstaben das Lösungswort „HUDSON BAY"

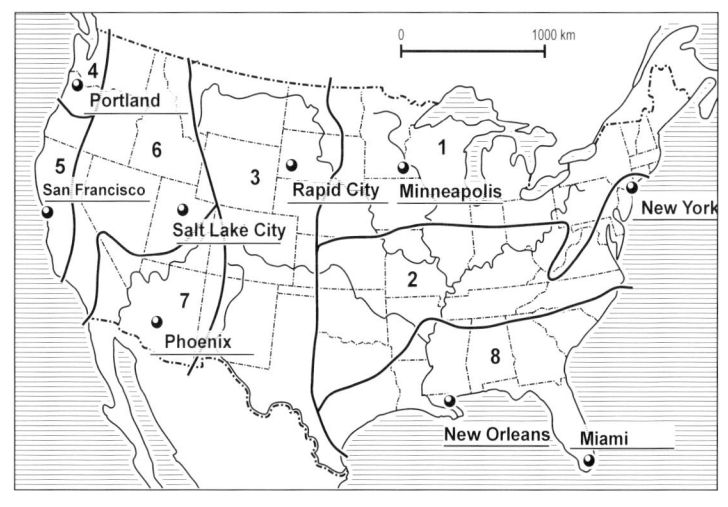

1 Minneapolis
2 New York
3 Rapid City
4 Portland
5 San Francisco
6 Salt Lake City
7 Phoenix
8 New Orleans
9 Miami

Das Klima in Nordamerika (Videofilm FWU 42 10363) Lösung

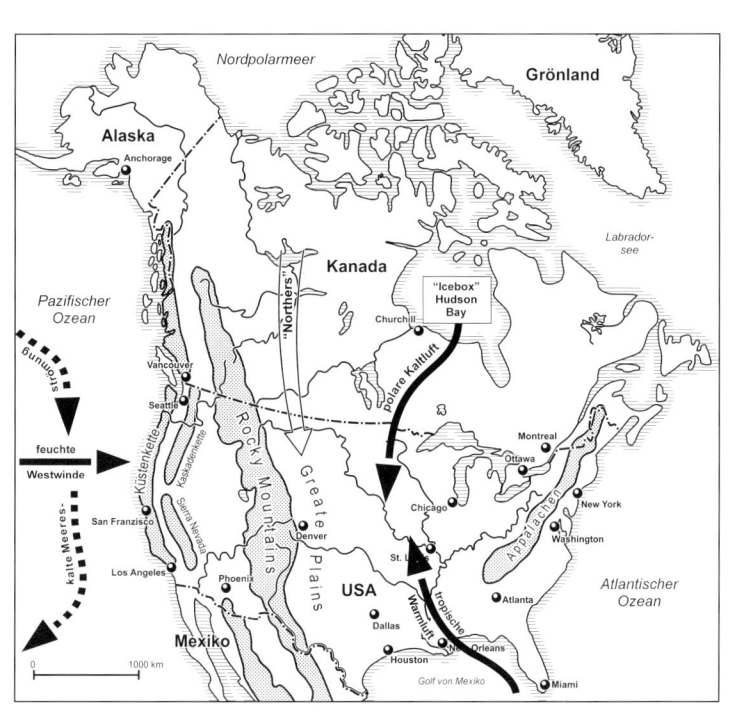

Aufgabe 4

Westen:
milde, feuchte Westwinde treffen auf Gebirgszüge in Nord-Süd-Richtung; starke Zunahme der Kontinentalität nach Osten, starke Gegensätze: Luftmassenstau an der Westseite der Gebirge mit starken Steigungsregen, Leeseiten und Große Becke sehr niederschlagsarm.

Osten:
ungehinderter Luftmassenaustausch von polarer Kaltluft nach Süden (Northers/ Blizzards) und tropischer Warmluft nach Norden (tropische Wirbelstürme); starke Temperaturgegensätze bei ausreichender Feuchtigkeit.

Wirbelstürme in den USA — Lösung

Vergleich Tornados und Hurrikans

Kategorie	Tornados	Hurrikans
Verbreitung in den USA	häufig im Bereich der inneren Ebenen der USA, immer über dem Festland	Golf von Mexiko und Küstenbereich der Südstaaten
Zeitliches Auftreten	meist im Frühjahr und Sommer	meist zwischen Juli und November
Ausdehnung und Windgeschwindigkeit des Wirbelsturmes	kleinräumige Wirbelstürme mit Geschwindigkeiten im Wirbel bis zu 500 km/h	großräumige Wirbelstürme mit einem Durchmesser von 500 1000 km und mit Windgeschwindigkeiten von 120 bis über 250 km/h
Lebensdauer	meist einige Minuten bis halbe Stunde	mehrere Tage, auch über eine Woche, über Land instabil
Entstehungsvoraussetzungen	aus Gewitterwolken beim Zusammentreffen hoch reichender Kaltluft aus dem Norden mit feuchtwarmen Luftmassen aus dem Golf von Mexiko	über dem Atlantik oder der Karibik bei mindestens 27 °C Wassertemperatur, Zusammenströmen verschiedenartiger Luftmassen
Auswirkungen	schmale Schneisen der totalen Verwüstung (häufig von 300 bis 1000 m Breite), Hochwirbeln von großen Gegenständen und Schäden an bzw. Zerstörung von Häusern	verheerende Sturmschäden und Überschwemmungen, Schäden durch hohe Flutwellen im Küstenbereich, auch Zerstörung von Häusern im Küstenbereich

Go West — Lösung

Aufgabe 1
Frontier = äußere Siedlungsgrenze, keine feste Linie

Aufgabe 2
1. Jäger und Trapper
2. Squatter (Pionierfamilien)
3. Rancher (Viehzüchter) und Farmer (Ackerbauern)

Aufgabe 3
um 1800: Appalachen bereits überschritten, entlang des Ohio sogar schon bis zur Tennessee-Mündung
um 1860: Mississippi überschritten, Osthälfte von Texas – Arkansas – Missouri – Iowa – Wisconsin; Siedlungsinseln im Raum Denver und im Bereich von Salt Lake City und kleines Gebiet am unteren Sacramento in Kalifornien
um 1880: Frontier etwa entlang 100° westl. Länge; beschleunigte Besiedlung des Westens; Siedlungsband entlang der Eisenbahn um diese zu sichern, Ausdehnung und Bildung von Siedlungsinseln westlich und östlich der Rocky Mountains; Westküste mit Vorstößen entlang des Columbia und Sacramento erschlossen

Aufgabe 4
verstreute, kleinere Reservationen in meist trockenem Ödland; größte im nördlichen Arizona und New Mexico (Navajo)

USA kreuz und quer — Lösung

Lösungswort: FREIHEITSSTATUE   engl. Arbeitsblatt: STATUE OF LIBERTY

Staaten der USA — Lösung

1. PENNSYLVANIA
2. FLORIDA
3. MONTANA
4. WISCONSIN
5. INDIANA
6. ARIZONA
7. COLORADO
8. TEXAS
9. NEVADA
10. TENNESSEE
11. OREGON
12. NEW MEXICO
13. GEORGIA
14. UTAH
15. MASSACHUSETTS

Lösung: VOM WINDE VERWEHT

engl. Arbeitsblatt: GONE WITH THE WIND

Townships and Sections — Lösung

Aufgabe 1
Siedlung möglichst in einer der vier zentralen Quatermiles der Township, damit Wege zu den zentralen Einrichtungen für die Bewohner der Townships nicht zu lang sind (maximal drei Meilen).

Aufgabe 2
Nebeneinander liegende Quartersections haben zwar das gleiche Klima, können sich aber hinsichtlich der Bodenart und Bodengüte, des Reliefs und der Bodenfeuchtigkeit erheblich unterscheiden. Nach diesen gegebenen Faktoren müssen sich die Farmer mit ihrer Nutzung richten. Auf feuchten Äckern können schlecht Kartoffeln angebaut werden, andererseits kann ein fehlender Wasseranschluss eine Quartersection wertlos machen.

Aufgabe 3
Vorteile: stattliche Flächen (vgl. Europa meist unter 5 ha), klare Besitzgrenzen, einheitliche Besitzblöcke am Hof
Nachteile: keine Rücksicht auf
a) verschiedenartiges Relief, b) Bodenqualität,
c) Wasseranschluss, d) klimatische Faktoren (Adridität)
manche Quartersections waren daher nicht erfolgreich zu bewirtschaften; Monotonie in der Siedlungsstruktur, schlechte soziale und kulturelle Versorgung (nächster Nachbar oft in 1,6 km Entfernung)

Aufgabe 4
nahezu alle Grenzen westlich des Mississippi, sofern sie nicht Flüssen (Red River) oder Gebirgsketten (Bitterroot) folgen

Die USA – ein Einwanderungsland — Lösung

Arbeitsblatt 1

Aufgabe 1
In Europa herrschten Kriege, Hungersnöte, Armut, religiöse und politische Unterdrückung. Die USA als freiestes Land der Welt (Menschenrechtserklärung) boten „unbegrenzte" Möglichkeiten für jedermann, sein Glück zu machen.

Aufgabe 2
Bis 1930 starke Einwanderung, besonders von Europäern. 1931–1950 niedrige Einwanderungsraten, 1951–1970 Anstieg der Einwanderung mit starkem Anteil von Menschen aus Lateinamerika und Asien. Von 1971 bis 1980 sehr geringe Einwanderung, strenge Einwanderungspolitik, nach 1980 besonders starke Zuwanderung aus Asien und Osteuropa. Der Anteil der übrigen Europäer ist seit 1960 sehr gering.

Aufgabe 3
Von einem Melting Pot kann allenfalls bei europäischen Einwanderern gesprochen werden. Schwarze und Indianer haben sich nicht integriert, wahrscheinlich wegen der Hautfarbe. Asiaten und Hispanics lassen sich auch nicht zu einheitlichen Amerikanern verschmelzen, weil sie an ihrer Kultur, Lebensart und Sprache festhalten. Heute kann man eher von mehreren Melting Pots oder von einer bunten Gesellschaft sprechen.

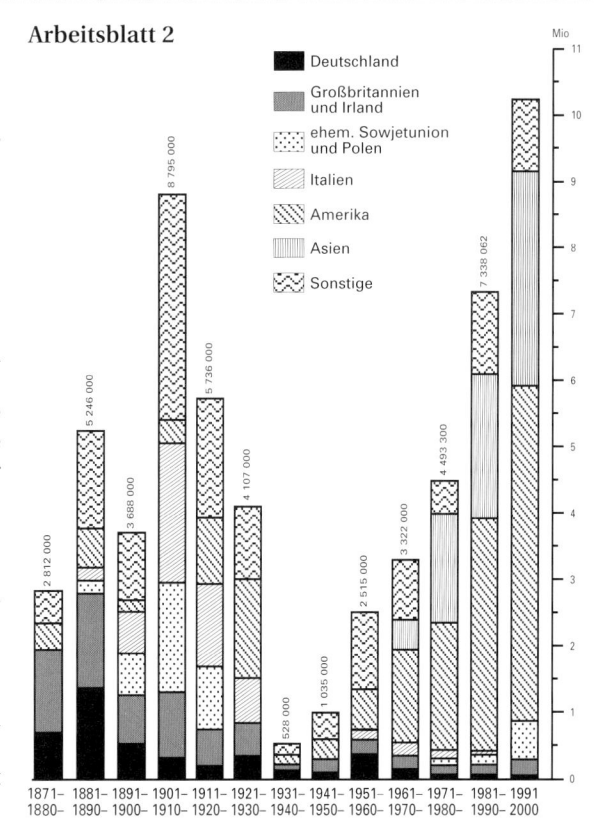

Arbeitsblatt 2

The Sound of America — Lösung

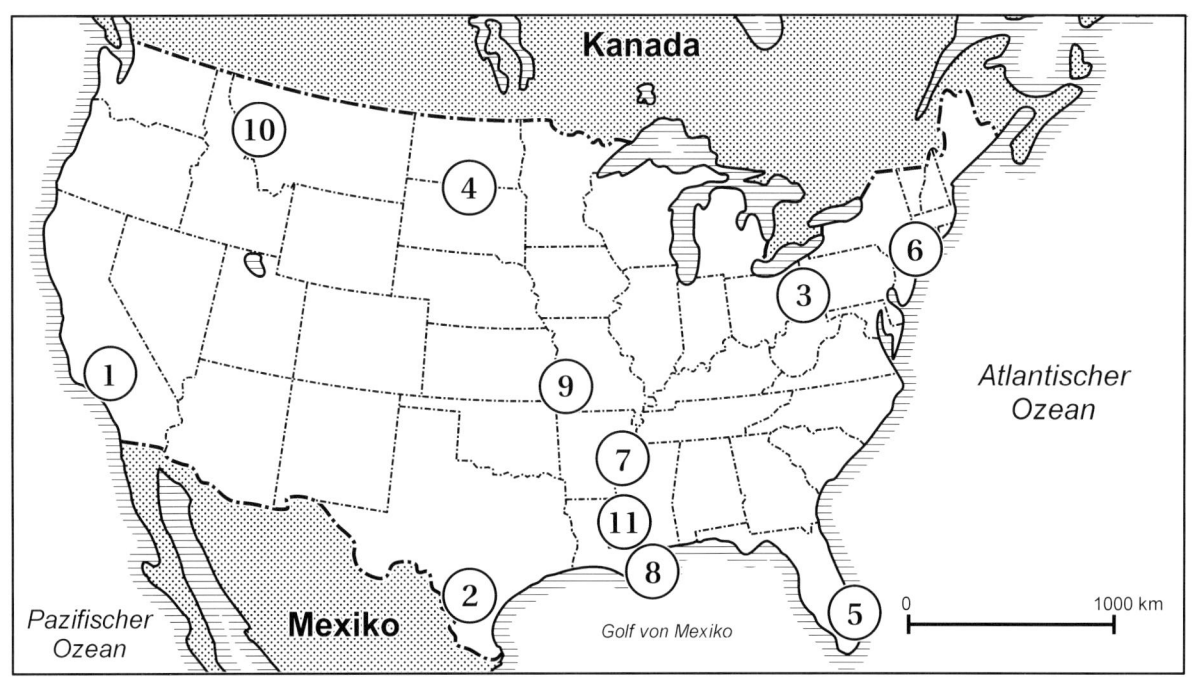

Black America — Lösung

Arbeitsblatt 1
Lebenssituation im Ghetto
Schwierige Lebenssituation:
heruntergekommene Wohnviertel, verfallende Häuser, Armut;
hohe Kriminalität, Drogen, Gewalt;
ohne guten Schulabschluss kaum Chancen auf einen Job;
Selbsthilfegruppen betreiben erfolgreich Haussanierungen und bieten Jugendlichen nützliche Freizeitangebote.
Wohlhabende Schwarze leben in der Suburb, oft mit weißen Nachbarn.

Arbeitsblatt 2
1. Schulbildung und Familiensituation
Bei der Bildung wurden große Fortschritte erzielt und das Niveau der Weißen nahezu erreicht.
Die meisten Schwarzen leben in schwierigen Familiensituationen. 1995 wuchsen 65 % aller Kinder in Familien mit nur einem Elternteil auf, bei den Weißen waren es nur 25 %.
Alleinerziehende Mütter haben oft nur wenig Geld zum Unterhalt der Familie.

Wirtschaftliche Situation
Die Wochenlöhne sind bei den schwarzen Männern seit 1990 stark angestiegen, bei den Weißen etwa gleichgeblieben. Trotzdem besteht noch ein großer Unterschied: Schwarze erhalten durchschnittlich nur 2/3 des Wochenlohns der Weißen.
Das Einkommen schwarzer Frauen unterscheidet sich kaum noch von dem der Weißen. Frauen verdienen jedoch nur etwa halb so viel wie Männer.

2. Central Harlem und Upper Eastside
In Central Harlem leben 87 % Schwarze, in Upper Eastside 87 % Weiße. In Harlem leben in 21 % aller Haushalte alleinerziehende Mütter. Der Bildungsstand ist deutlich niedriger, die Arbeitslosigkeit mit 18 % und die Zahl der Wohlfahrtsempfänger mit 44 % sehr hoch. Die Armut zeigt sich auch im Jahreseinkommen, das in Harlem nur bei 13.000 $ liegt (Durchschnitt Manhattan 32.300 $) und in Upper Eastside ist es mit 53.000 $ besonders hoch. Arm und Reich leben hier in direkter Nachbarschaft. Die Lebenssituation der Schwarzen entspricht der in einem Entwicklungsland.

New York – New York — Lösung

Aufgabe a)
Die europäische Stadt mit der Altstadt im Zentrum, an deren Rand Bürohochhäuser, um das Stadtzentrum ein Ring mit Stadtvierteln unterschiedlicher Nutzung, am Stadtrand Wohngebiete, teils flache Bebauung, teils Satellitenstädte mit Wohnhochhäusern.
Die nordamerikanische Stadt gliedert sich in die Central City mit einer Konzentration von Wolkenkratzern in Downtown, am Rand mehrstöckige Gebäude, weit ausgedehnte Suburbs mit ein- bis zweistöckigen Wohnhäusern, dort keine Hochhäuser mehr.

Aufgabe b)
Das linke Bild zeigt die Central City von New York (Manhattan) mit ihren Wolkenkratzern unterschiedlicher Form, Höhe und Alter; tiefe Straßenschluchten, mehrspurig, schachbrettartig angelegt, um die Wolkenkratzer ein Ring älterer, mehrstöckiger Gebäude.
Das rechte Bild zeigt einstöckige Wohnhäuser in lockerer Bebauung mit Grünflächen – eine Suburb.

Aufgabe c)
Eine große Bevölkerung ballt sich in der City of New York auf kleiner Fläche. Die Bevölkerung lag zwischen 1950 und 1970 bei etwa 7,8 Mio. 1980 gab es dann einen Einbruch auf 7,0 Mio., seitdem hat sie sich bei 7,3 Mio. eingependelt. Sehr stark angewachsen ist dagegen die Bevölkerung der gesamten Metropolitan Area von New York (West-Ost- und Nord-Süd-Ausdehnung jeweils ca. 250 km). 1950 lebten nur 1,667 Mio. Menschen im Bereich außerhalb der City, 1992 waren es bereits 10,782 Mio.. Dies ist auf die Entstehung der zahlreichen Suburbs zurückzuführen, wo die Wohnbedingungen im Vergleich zur City besser sind.

The Development of the North American City — Lösung

Titelaufgabe:

1.	Downtown	THE	6.	Beltway	NE
2.	Slum	CI	7.	Business park	VER
3.	Suburb	TY	8.	Mall	SL
4.	Residential quarter	TH	9.	Edge city	EE
5.	Commercial strip	AT	10.	Unused area	PS

Lösungssatz: *New York wird auch als THE CITY THAT NEVER SLEEPS bezeichnet.*

Die Entwicklung der amerikanischen Stadt — Lösung

Teil I

Aufgabe 1
Begrenzte Flächen und hohe Bodenpreise zwingen zum Bauen in die Höhe. Wolkenkratzer sind eigentlich vertikale Städte. (Die im World Trade Center, New York, untergebrachten Unternehmen und Organisationen beschäftigen in diesem Gebäude 50.000 Menschen.)

Aufgabe 2
Der Wunsch nach einem Leben im eigenem Heim in natürlicher Umgebung und die Flucht vor dem Lärm, der Enge, den Umweltbelastungen und der Kriminalität in der Innenstadt waren die Motive für einen Umzug in die Suburbs.

Aufgabe 3
Voraussetzungen für das Entstehen der Suburbs waren das große Angebot von billigem Bauland, die hohe Mobilität der Bevölkerung (eigenes Auto) und ein gutes Straßennetz.

Aufgabe 4
Als negative Seiten des Lebens in der Suburb wären zu nennen: lange Wege zur Arbeit und zum Einkaufen, große Zeitverluste im Stau, hohe Umweltbelastungen, keine Versorgungsmöglichkeiten. Fehlende soziale und kulturelle Angebote in den Suburbs führen zu Langeweile und psychischen Belastungen besonders bei Hausfrauen und Jugendlichen.

Aufgabe 5
Nach dem Wegzug der weißen Mittelschicht sanken die Mieten. Schwarze und Hispanics zogen in die freigewordenen Wohnungen. Wegen der geringen Mieteinnahmen investierten die Vermieter nicht ausreichend in die Erhaltung der Gebäude. Diese verwahrlosten, hinzu kamen Gleichgültigkeit und Vandalismus der Bewohner. Der Einzug weniger Schwarzer in eine Straße führte zum verstärkten Wegzug der Weißen, schwarze Wohnviertel entstanden. Zudem schotteten sich die ethnischen Gruppen auch selbst gegeneinander ab.

Teil II

Aufgabe 1
Die Flächen entlang den Hauptstraßen in die Innenstadt erwiesen sich als günstige Standorte für Geschäfte und Versorgungseinrichtungen, da die Pendler zweimal täglich vorbeikamen und so den Einkauf mit dem Weg zur Arbeit verbinden konnten.

Aufgabe 2
Malls sind etwa vergleichbar mit unseren Einkaufspassagen. Sie bieten Kaufhaus, Supermarkt, zahlreiche Fachgeschäfte und Dienstleistungen, Banken, Restaurants und Freizeiteinrichtungen unter einem Dach. Sie sind bequem mit dem Auto zu erreichen und verfügen über ein großzügiges Parkplatzangebot.

Aufgabe 3
Durch die Commercial Strips und Malls erlitten die Geschäfte in der Innenstadt große Umsatzeinbußen, zumal die noch ansässige Bevölkerung nicht über genügend Kaufkraft verfügt. Viele Geschäfte wurden daher nach außen verlagert oder mussten aufgeben. Es kam dadurch zu einer weiteren Verödung der Innenstadt.

Aufgabe 4
Preiswerte, ungenutzte Grundstücke können neu bebaut (Firmen, Geschäfte, Wohnhäuser) oder in Grünanlagen umgestaltet werden, was die Lebensqualität der Innenstadt erhöht. Schöne alte Häuser können billig erworben und saniert werden. So entstehen luxuriöse Wohnungen für wohlhabende Leute, die in der Nähe ihres Arbeitsplatzes im CBD wohnen wollen. Die Innenstädte gewinnen vielerorts wieder zunehmend an Attraktivität.

Die mit den Bäumen reden — Lösung

Die Indianer des Südwestens
Lebensraum: heiß, trocken, Halbwüste
Stämme: Puebloindianer (Zuni, Hopi), Navajos, Apachen

Die Puebloindianer
Lebensgrundlage: Ackerbau (Mais, Kürbisse, Chilli, Bohnen, Tabak, Baumwolle), Bewässerung über Kanäle oder Sturzwasserfeldbau
Geräte: hölzerne Stäbe, Hacken
Kleidung: aus Baumwollstoffen
Behausung: Pueblo
Fortbewegung: sesshaft
Handwerk: kunstvolle Töpferei, Weberei, Flechten
Aufgaben der Frau: Hausarbeit, Flechten, Töpfern, Wolle spinnen
Aufgabe des Mannes: Ackerbau, Weben
Weitere kulturelle Besonderheiten: Kachina: Gute Geister der Ahnen, die für gute Ernte sorgten, Kinder besaßen Kachinapuppen

Die Navajos
Lebensgrundlage: Jagen, Sammeln, Ackerbau, Schafzucht
Geräte: –
Kleidung: –
Behausung: achteckige Erdhütte, Hogan
Fortbewegung: Pferd
Handwerk: Weben (Decken mit rot-weiß-schwarzem Streifenmuster), Silberschmuck
Aufgaben der Frau: Schafe hüten, Weben
Aufgabe des Mannes: Jagd, Silberschmied

Die Apachen
Lebensgrundlage: Jagd (Bison, Antilope, Hirsch, Hase), Sammeln (Früchte, Nüsse, Wurzeln), Rauberfälle
Geräte: Pfeil und Bogen, Gewehre, Keule, Lanze
Kleidung: aus Leder
Behausung: Wickiup (Laubhütte)
Fortbewegung: Pferd
Handwerk: Flechten (Körbe)
Aufgaben der Frau: Gerben, Flechten
Aufgabe des Mannes: Jagd, Krieg

Die Prärieindianer
Lebensraum: Grasland der inneren Ebenen (Prärie)
Wichtige Stämme: Pawnee, Mandan, Osage, Kansa, Missouri

Die Mandan
Lebensgrundlage: Ackerbau (Mais, Bohnen, Kürbisse, Tabak; Felder durch Sonnenblumen getrennt), Jagd (Bison)
Geräte: Pfeil und Bogen
Kleidung: aus Leder mit Lederfransen, mit Haar und Perlenstickereien verziert
Behausung: Siedlungen aus Erdhäusern, bei Jagd Tipi
Fortbewegung: Pferd bei Jagd, Travoi, Bullboot
Handwerk: Töpfern, Flechten, Weben (Fingerweaving)
Aufgaben der Frau: Ackerbau, Brennholz suchen, Töpfern, Weben
Aufgabe des Mannes: Jagd, Hausbau, Fellmalerei (auf Zelte und Kleidung)
Weitere kulturelle Besonderheiten: Pemmikan (konserviertes Fleisch)

Die Indianer der Plateaus und des Großen Beckens
Lebensraum: Waldige Bergplateaus, Wüstengebiete mit Trockensteppenvegetation
Stämme: Shoshoni, Flathead, Nez Percé; Pajute, Utah
Lebensgrundlage: Jagd und Fischfang auf den nördlichen Plateaus, Sammeln und Jagen (Wurzeln, Eidechsen, Heuschrecken, Grillen, Raupen, Ratten, Hasen) im Großen Becken
Geräte: Pfeil und Bogen, Fischspeer, Grabstock, Fallen, Netze, Schlingen
Kleidung: Leder- und Fellkleidung bei den Stämmen auf den Plateaus im Großen Becken trugen Frauen Bast- und Männer Lederkleidung
Behausung: Langhaus und Tipi (Nez Percé), Höhlen, Wickiup (Pajute)
Fortbewegung: Nomaden, zum Transport Hunde (Pajute), Packpferde (Nez Percé)
Handwerk: Flechten von Taschen aus Hanf und Maishülsen (Nez Percé)
Aufgaben der Frau: Flechten, Kochen, Sammeln
Aufgabe des Mannes: Jagen
Weitere kulturelle Besonderheiten: Keine Häuptlinge bei den Digger-Indianern (Pajute), Umherziehen im Familienverband, Zucht von Appaloosa-Pferden (Nez Percé), intensiver Handel mit den Präriestämmen

Die Ute (Utah) sind, nachdem sie Pferde besaßen, in die Plains ausgewandert.

Die mit den Bäumen reden Lösung

Die Waldindianer des Südostens
Lebensraum: von großen Strömen durchzogene Wälder
Wichtige Stämme: Creek, Cherokee, Natchez, Seminolen

Creek
Lebensgrundlage: Ackerbau (Mais, Gemüse, Tabak), Jagd, Fischfang
Geräte: Pfeil und Bogen, Blasrohre
Kleidung: leichte Kleider aus Baumwolle, Bast, Gräsern, Federn
Behausung: Dörfer mit Fachwerkhäusern, Pfahlbauten
Fortbewegung: Einbaum
Handwerk: Töpfern, Waffenherstellung
Aufgaben der Frau: Kindererziehung, Feldarbeit, Kochen, Friedenshäuptling
Aufgabe des Mannes: Jagd, Fischfang, Kriegshäuptling
Weitere kulturelle Besonderheiten: Wettspiele, Creekzbund mit Friedens- und Kriegshäuptling, Tätowierungen, Nasenschmuck

Die Waldindianer des Nordostens
Lebensraum und Klima: Mischwald
Wichtige Stämme: Irokesen, Algonkin, Huronen, Delaware, Illinois, Chippewa

Die Irokesen
Lebensgrundlage: Jagd, Fischfang, Sammeln, Ackerbau (Mais, Bohnen, Kürbisse)
Geräte: Hacke, Grabstock
Kleidung: Leder mit Muscheln und Stachelschweinborsten verziert
Behausung: Langhaus, Wigwam
Fortbewegung: Kanu aus Birkenrinde
Handwerk: Wampum (Urkunde, Zahlungsmittel aus Muscheln)
Aufgaben der Frau: Familien- und Clanoberhaupt, Besitzerin von Haus, Boden, Ernte, wählt Mitglieder des großen Rates, Kochen, Feldarbeit, Kindererziehung
Aufgabe des Mannes: Töten, Bäume fällen, Jagen, Hausbau
Weitere kulturelle Besonderheiten: Irokesenbund, Marterpfahl, Skalpieren, Frisur: manchmal Irokesenschnitt

Nordwestküstenindianer
Lebensraum: Pazifikküste und vorgelagerte Inseln
Wichtige Stämme: Tlingit, Haida, Kwakiutl

Die Haida
Lebensgrundlage: Fischfang (Lachs, Salm, Kabeljau, Heilbutt); Robben- und Walfang, Sammeln von Früchten
Geräte: Holzgeschirr, Masken
Kleidung: Nackt, Baströcke, im Winter Bastumhänge
Behausung: Holzhütte mit Giebeldach
Fortbewegung: seetüchtige Boote
Handwerk: Holzschnitzerei, Malerei, Flechtkunst
Aufgaben der Frau: Flechten, Steuerfrau in den Booten
Aufgabe des Mannes: Schnitzen, Bootsbau, Häuptling
Weitere kulturelle Besonderheiten: geschnitzte Totempfähle, Potlach-Fest (Je mehr einer schenkt, desto größer ist sein Ansehen)

Die von den Bäumen reden Lösung

1. TOURISMUS, 2. VERKEHRSVORSCHRIFTEN, 3. POW-WOW, 4. ALKOHOL, 5. ERDÖL + ERDGAS, 6. SPIELKASINOS, 7. RESERVATION, 8. WOUNDEDKNEE

Lösungswort: **I R O K E S E N**

engl. Arbeitsblatt:
1. TOURISM, 2. TRAFFIC-REGULATION, 3. POW-WOW, 4. PEQUOT, 5. WOUNDEDKNEE, 6. OIL, 7. RESERVATION

solution: **I R O Q U I S**

Landwirtschaft im Überblick — Lösung

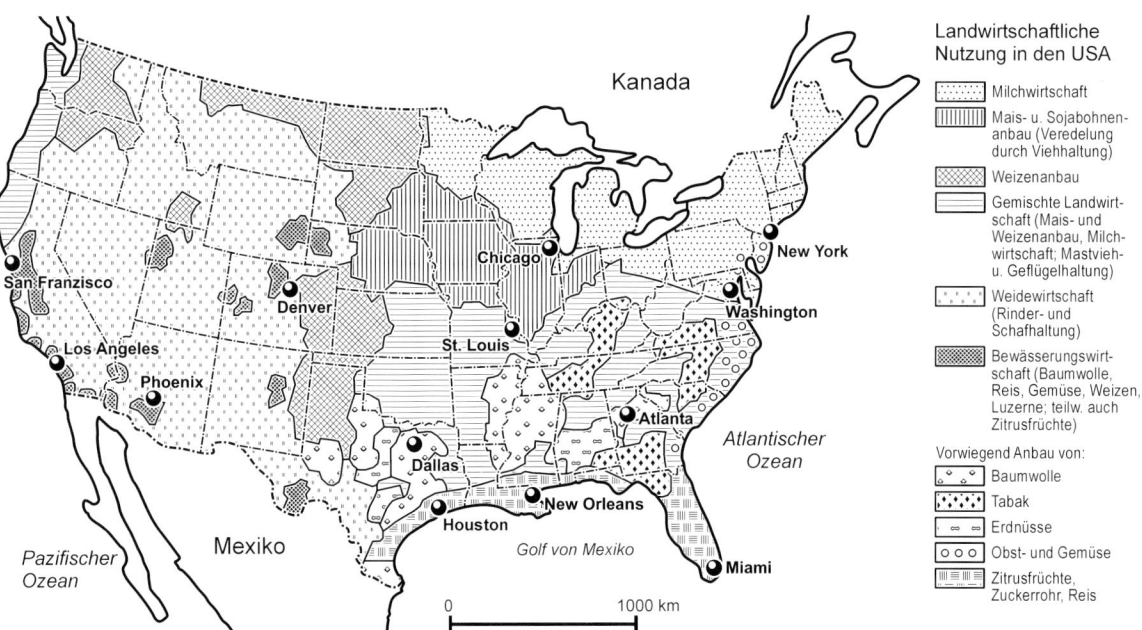

Tabelle: Landwirtschaftszonen in den USA

Landwirtschaftszone	räumliche Verbreitung	Staaten
Milchwirtschaft	südlich und östlich der Großen Seen, Boston – Washington – Küstenregion	Wisconsin, Michigan, Pennsylvania, New York, Maine, Massachusetts usw.
Mais- und Sojabohnenanbau	Mittelwesten	Iowa, Illinois, Nebraska
Gemischte Landwirtschaft	Gebiete westl. des Mississippi und weite Gebiete des Südostens der USA	Missouri, Kansas, Oklahoma, Arkansas, Kentucky usw.
Baumwollanbau	Mississippital und Süden der USA	Arkansas, Mississippi Texas, Georgia usw.
Weizenanbau	Great Plains	Texas, Kansas, North Dakota, South Dakota, Montana usw.
Weidewirtschaft (Rinder- und Schafhaltung)	Beckenlagen in den Gebirgsstaaten	Oregon, Idaho, Nevada, Utah, Arizona usw.
Zitrusfrüchte/Zuckerrohr/Reis	Golfküste und Florida	Florida, Texas, Louisiana

Superkorn und Superbohne   Lösung

Sojabohne		Mais
China	Ursprungsland	Mexico
2800 v. Chr.	älteste Funde	5000 v. Chr.
Glycine max	lat. Bezeichnung	Zea mays
Hülsenfrüchtler	Pflanzenfamilie	Gräser
30 – 100 cm	Größe	bis 2
Sojabohnen	Früchte/Samen	Maiskörner
Samen enthalten bis zu 40 % Eiweiß (mit hoher biologischer Wertigkeit) und 20 % Fett	biol. Besonderheiten	höhere Photosyntheserate, führt zu schnellerem Wachstum
Viehfutter	hauptsächliche Nutzung	Viehfutter
wichtigste ölliefernde Pflanze, Nahrungsmittel: milch- und käseartige Produkte, Saucen, Brotaufstrich, Fleischersatz, Tofu, Eiweißpulver usw.	sonstige Nutzung	Nahrungsmittel: Tortillas, Maisbrot, Polenta, Gemüse; Produktion von Stärke für Pudding Suppen Saucen und Backwaren

Kornkammer   Lösung

Vorwiegend Weizenanbau in den Staaten ...	Weizenart bevorzugt	Ansprüche und Bedingungen
Montana	Sommerweizen	– Ansprüche: ausreichend Niederschlag und Sommertemperaturen während der kürzeren Vegetationszeit – klimatische Bedingungen: meist ausreichend Niederschläge, aber Gefahr der Trockenheit – Böden: gute bis ausreichend geeignete Böden (Schwarzerden und Kastanoseme) – Gelände: weithin flaches Gelände, das den Großmaschineneinsatz begünstigt
Kansas, Oklahoma, Texas	Winterweizen	– Ansprüche: wintermilde Gebiete bevorzugt (Winterweizen erträgt Temperaturen bis -22 °C), reift früher als Sommerweizen – klimatische Bedingungen: meist ausreichend Niederschläge, Probleme bei trockengrenznahen Anbaugebieten – Böden: gut bis ausreichend für den Weizenanbau geeignete Böden (Schwarzerden und Kastanoseme) mit entsprechender Bodenfruchtbarkeit – Gelände: ebenes Gelände, das den Großmaschineneinsatz begünstigt
N-Carolina, S-Carolina, Georgia	Winterweizen	– Ansprüche: wintermilde Gebiete bevorzugt – klimatische Bedingungen: ganzjährig humid – Böden: humusarme Böden (überwiegend Braunerden und Parabraunerden) bei Düngung geeignet – Gelände: ebenes Gelände
Arizona, California (Süden)	Hartweizen	– Ansprüche: wärmeliebende Weizenart, die auch mit relativ wenig Niederschlag auskommt; geringere Ansprüche an Bodenqualität – klimatische Bedingungen: aride bis semiaride Verhältnisse – Böden: großteils Halbwüstenböden

Dust Bowl Maßnahmen gegen Bodenerosion — Lösung

Bezeichnung der Maßnahmen	Maßnahmen zur Verminderung der Bodenerosion und deren Wirkungsweise
contour ploughing (Konturpflügen)	geneigte Flächen werden parallel zu den Höhenlinien gepflügt; bremst den Oberflächenabfluss, erhöht das Einsickern von Wasser
strip farming	Felder werden in mehreren Streifen unterteilt, es wechseln sich bebaute mit brachliegenden Feldern ab; verringert die Windgeschwindigkeit, schützt vor Austrocknung, keine großen ungeschützten Flächen
Terrassierung	an Hängen werden Terrassen angelegt; schützt vor Oberflächenabfluss
Fruchtwechsel	Wechsel von Halm- und Blattfrüchten; keine einseitige Beanspruchung des Bodens
Umwandlung in Grasland oder Wald	Gullies (Erosionsrinnen) werden bepflanzt; verhindert Voranschreiten der Erosionsrinnen, bremst Oberflächenabfluss
residue management/ stubble mulching	Pflanzenreste bzw. Stoppeln werden nach der Ernte auf dem Feld belassen; bodenwendende Bearbeitung wird vermieden, der Boden wird nur oberflächlich bearbeitet; Pflanzenreste stabilisieren den Boden und bewahren die Bodenfeuchte
Windbarrieren	Anpflanzung von Barrieren (Windschutzhecken) quer zur Hauptwindrichtung; Verringerung der Windgeschwindigkeit und der Austrocknung

Where have all the Cowboys gone? — Lösung

Aufgabe 1
Ca. 1800 km Luftlinie, 120 bis 150 Tage (Im Gelände muss man längere Wege gehen.)

Aufgabe 2
- kein Markt im Süden
- großer Fleisch- und Lederbedarf im Nordosten der USA (dichtere Besiedlung, Industrie) führte zu hohen Aufkaufpreisen
- Trails führten durch unbesiedeltes Land zur Eisenbahnlinie San Francisco–Chicago

Aufgabe 3
Gründe für die Entwicklung:
- kostengünstigere Tierhaltung: weniger Arbeitskräfte, einfache Viehpferche, überdacht, viele Tiere auf kleiner Fläche
- bessere Fütterung möglich: automatische Fütterung, Kontrolle, Zusätze
- schnelleres Wachstum der Tiere (nur 150 Tage statt 3–5 Jahre)
- rationelleres Arbeiten

Aufgabe 4
Nachteile:
- nicht artgerechte Tierhaltung
- Qualitätseinbußen (Rückstände im Fleisch)
- Verluste von Arbeitsplätzen
- ökologische Probleme: Entsorgung der Abfälle
- genetische Verarmung (nur noch wenige Rinderrassen)

Aufgabe 5
Agribusiness: neue Entwicklung in der Landwirtschaft, bei der die ganze Produktionskette – vom Futtermittelanbau über Rindermast und Verarbeitung bis zum Vertrieb der Waren – unter der Leitung und der Aufsicht eines einzigen Managements liegt.

Obst- und Gemüsegarten der USA — Lösung

1. **Wasserversorgung:**
   Im Norden gibt es ausreichend Niederschläge, hohe Niederschläge und Wasserüberschuss in der Küstenkordilliere und besonders in der Sierra Nevada. Das südliche kalifornische Längstal leidet bei Wüstenklima unter Wassermangel.
   Hohen Wasserbedarf haben die großen Städte wie San Francisco, Los Angeles und San Diego, die Industrie und die Landwirtschaft (70 % der Flächen werden bewässert).

2. Viele Stauseen in der Sierra Nevada speichern Regen und Schmelzwasser. Über ein verzweigtes Kanalnetz und über Aquadukte wird das Wasser in die Anbaugebiete geleitet. Die Böden sind fruchtbar und das warme Klima ist günstig für den Obst- und Gemüseanbau.

Die noch ungelösten Fälle des FBI: The Powerball Gang — Lösung

Die noch ungelösten Fälle des FBI: die Powerball-Gang

Joe Ramirez	Albuquerque	→ Stadt in New Mexiko	m
Dave Wilder	Tallahassee	→ Stadt in Florida	l
Iona Shapiro	San Antonio, Corpus Christi	→ Städte in Texas	t
Dusty McBride	Springfield	→ Stadt in Illinois	i
Willy Gibson	Chattanooga	→ Stadt in Tennessee	e
Sharon Moon	Mount Elbert	→ Berg in Colorado	o
Malcolm Jones	Baton Rouge	→ Stadt in Lousiana	a
Mark Bronsky	Blaue Berge	→ Oregon	r
Ken Black Crow	Grand Island	→ Stadt in Nebraska	b
	Platte	→ Fluss in Nebraska	

Den unbeabsichtigten Hinweis auf das Ziel gab die ausgeflippte Nonne, Iona Shapiro, mit „Maryland".
Die gesuchte Stadt ist die größte Stadt in Maryland: **Baltimore.**

Arbeitsmaterialien bilingual

Alle im Lernzirkel verwendeten Arbeits- und Bastelblätter finden Sie unter dieser Rubrik in englischer Sprache für den bilingualen Unterricht.

Zur Arbeitserleichterung können Sie sich die deutschsprachigen Kopiervorlagen auch in Klassensatzstärke bestellen. Geben Sie bei der Bestellung einfach die gewünschte Anzahl an. Pro Stück berechnen wir Ihnen nur einen kleinen Unkostenbeitrag.

It never rains in Southern California....   worksheet a

1. Write the names of the climate stations into the map.
2. Inform yourself about the USA (photos, reports and climate diagrams).
3. Match the photos (9) and the climates.

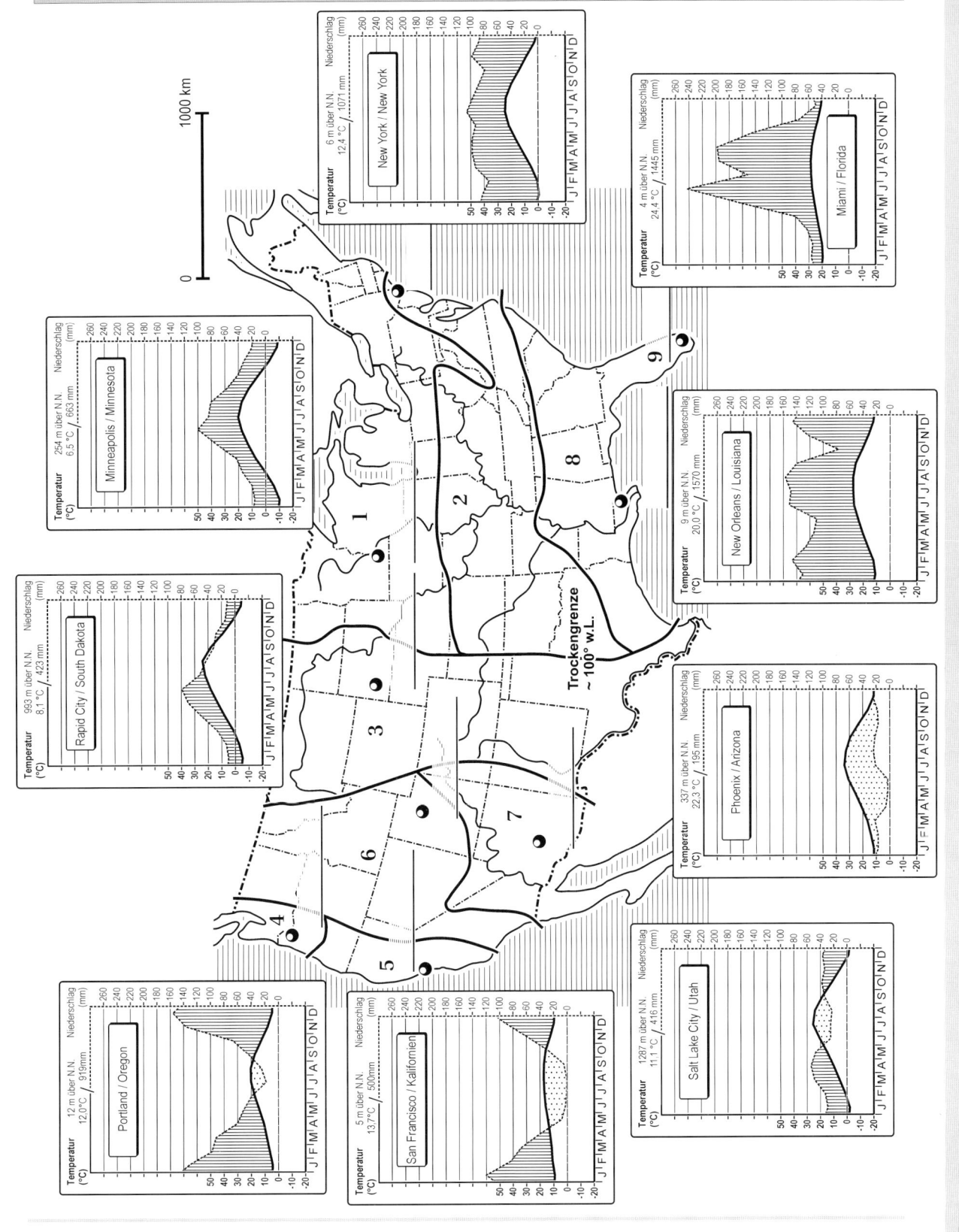

The climate in North America (Videofilm FWU 42 10363) worksheet b

The video "The Climate of North America" shows two climate journeys.
The first journey in summer leads from San Francisco to the Great Plains.
The second trip takes place in winter. It starts in Churchill on Hudson Bay and ends in Miami.

> ❶ Draw in the most important mountain ranges into the map and name them.
>
> ❷ Watch the first part of the video and note down important information about the climate. Solve tasks 3 and 4 for this part. Do the same for the second climate journey.
>
> ❸ Draw in the position of air masses, wind directions and ocean currents which are decisive for North America's climate.
>
> ❹ Explain characteristic features of the climate in the West and the East of the USA.

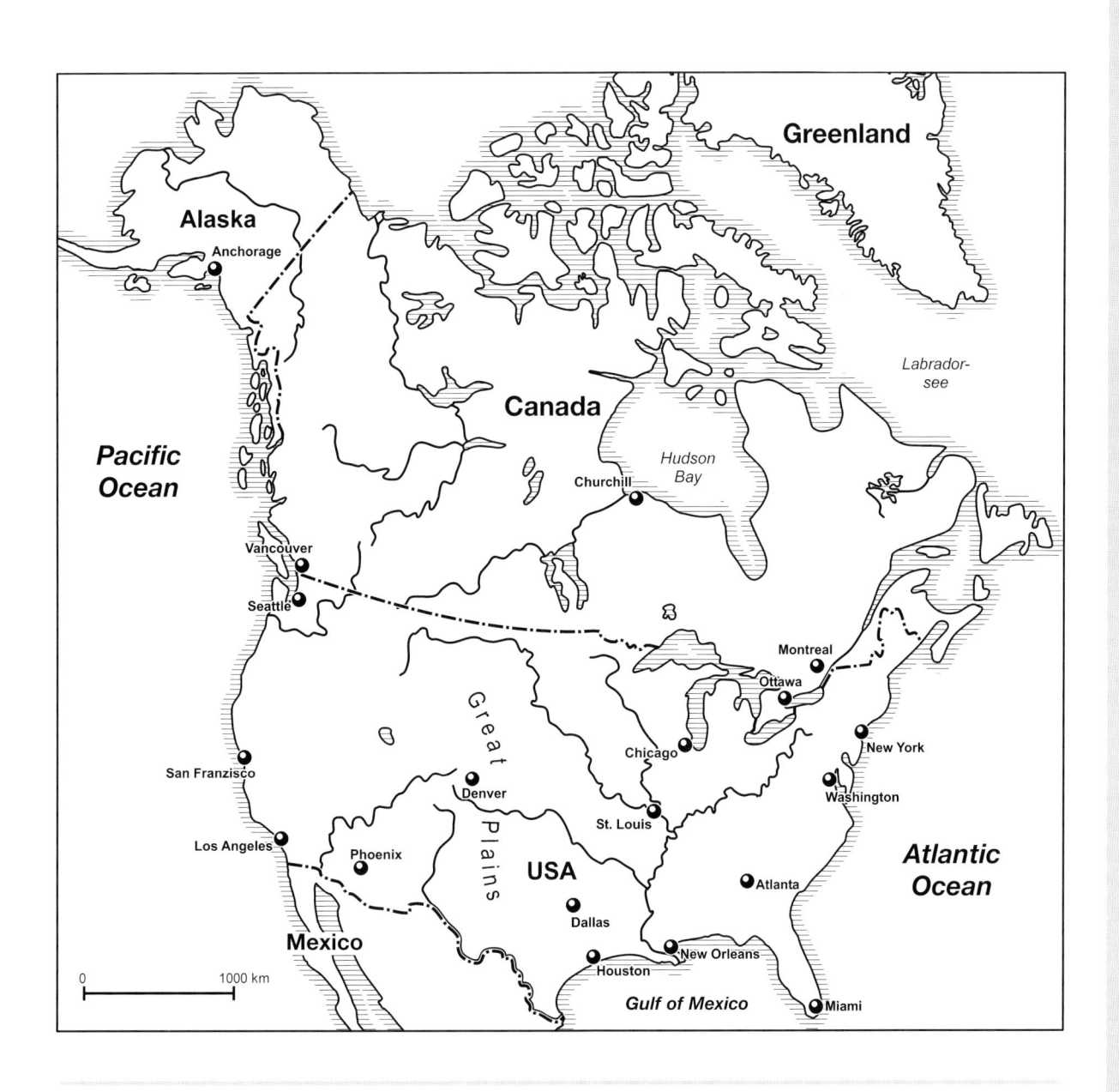

Tornado

information sheet 1

Tornadoes devastate Forth Worth

Forth Worth (dpa). Four people were killed and fifty more injured in two devastating tornadoes that raced over Forth Worth, a town in North Texas. Especially in the city center the "twisters" caused damage running into millions. Thousands of windows broke. The storms destroyed house walls, tore off roofs and uprooted trees. Because of all the destruction of flats and houses, emergency accomodation was put up in Forth Worth by the Salvation Army and the Red Cross. "We have seen the twister right in front of us, the noise was deafening and rubble was hurled up all around in the air. The sky was all black", said an eye-witness.

The town Arlington east of Forth Worth was hit by further tornado. Here the storm destroyed six houses and damaged more than a hundred. Overhead cables were pulled down. On many roads the tornadoes held up the traffic and they even overturned five heavy trucks.

The whirlwinds moved westwards into the Dallas–Forth Worth region. The dangerous weather came into being because of the clash of a cold front in the North and humid warm air coming from the Gulf of Mexico, which is typical in spring time every year.

Tornado-Allee:

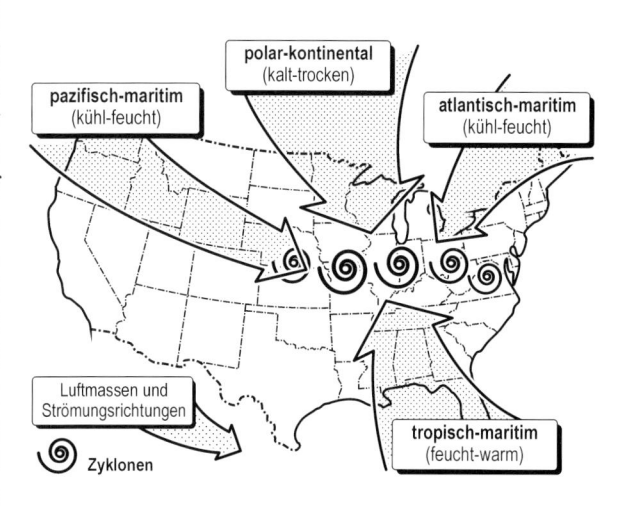

polar-kontinental (kalt-trocken)
pazifisch-maritim (kühl-feucht)
atlantisch-maritim (kühl-feucht)
Luftmassen und Strömungsrichtungen
Zyklonen
tropisch-maritim (feucht-warm)

Unbelievable

In Minnesota in 1931 a tornado hurled up a train of 83 tons 25 metres high into the air. Many of the 117 passengers were killed.

Record breaking?

In 1917 a tornado had been racing over Illinois and Indiana for seven hours and twenty minutes. He left damage and devastation all over the country.

Table 1   The Fujita-scale (according to NSSL / NOAA)

F-scale Number	intensity phrase	wind speed	description
F 0	Gale tornado	64-116km/h	breakes branches off trees, pushes over shallow rooted trees, some damage to chimneys
F 1	Moderate tornado		117-180km/h cars pushed off the roads, peels surface off roofs, destroys light sheds and garages
F 2	Significant tornado	181-251km/h	uproots big trees, destroys roofs of frame houses, hurling up light objects
F 3	Severe tornado	252-330km/h	turns off walls and roofs of proper houses, overturns trains and uproots complete forests
F 4	Devastating tornado	331-416 km/h	destroys well-constructed houses completely, cars and heavy things hurled up in the air
F 5	Incredible tornado	417-510 km/h	cars flying over a hundred metres, steel and concrete structures damaged, barks peeled off trees
F 6	Inconceivable tornado	> 510 km/h	like F 5 tornados (F 6 tornados do not exist officially)

Tornado   experiment + information sheet 2

experiment: tornado in a bottle

equipment:
- two 1.5 or 2 liter bottles (synthetic material; transparent; e.g. Fanta or Coca Cola) with screw caps
- blue food colour
- glue
- cardboard (40x40 cm)
- drill

preparation:
- unscrew the bottles, put glue on top of each screw cap and let it dry for a few seconds, connect caps with pressure
- drill a hole into the glued screw caps (middle) = tornado pipe
- fill one bottle (2/3) with water and colour it; connect the two bottles with the tornado pipe

experiment:
- the bottle with water at the top; the empty one down
- create a rotation of the water by spinning around the bottles in order to produce a whirl

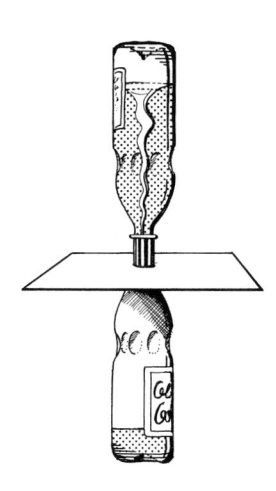

Due to the initial moving of the bottle left- or right-handed whirls will be formed. By tilting the bottle to one side the whirl will bend. Several dissimilar holes can create different whirls (e.g. in size or shape). Slim, unbalanced whirls are not stable and tie up themselves very easily. Wide, balanced whirls are rather stable.

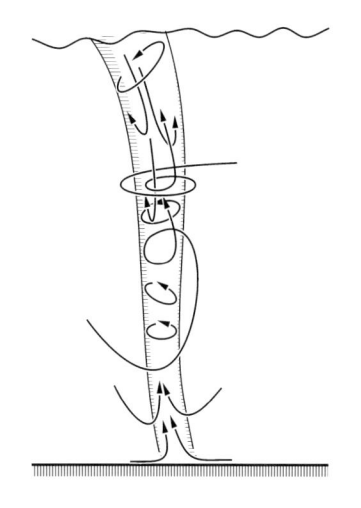

The fateful hose

Tornados arise over the continent. They come into being whenever warm humid air at the bottom meets a high reaching cold front and winds and currents differ considerably at the bottom and up in the air. Through intensive sun and strong warming the air at the bottom rises up and breaks through the border to the layer of cold air above. Immense thunderclouds emerge. At the same time the cold air falls off at the back side of the thunderclouds. The falling cold air is substituted by the fast rising warm air. At the bottom the rising air is set in rotation. So the characteristic hose shaped like a trunk develops between the ground and the bottom border of the clouds.

Tornados race over the country with 50 to 60 km/h, they stand still sometimes or speed up to 100 km/h. The air inside the trunk rotates with more than 60 km/h and can even get over 500 km/h. With wind speeds like these they are even worse than hurricanes. According to the Beaufort-scale valid in Europe yet the "smallest" tornado is already reaching the highest scales of 11 and 12, meaning hurricane force. The demolishing of buildings is to put down to the force of the winds mostly. Besides that there is an extremely below atmospheric pressure inside the tornado. The suction hurls up cars and, more so, heavy trucks and vehicles.

Hurricanes

information sheet 1

Hurricanes
These tropical whirlwinds are areas of low pressure striding across 500 to 1000 km. They consist of immense belts of cumulus clouds which circle around the centre of the storm, the "eye", in a helix.

Hurricanes always arise over warm oceans with temperatures over 27°C. Due to intensive sun and heat huge amounts of water evaporate and are taken up by warm air. Whirlwinds are often caused by a convergent current which unites air masses coming from different directions at the southern side of the sub-tropical high pressure area. Warm and moist air masses stream in, rise and cool down meanwhile. The steam contained in the air condenses and so high cumulus clouds emerge. Within this condensation process a lot of heat is released and the airspace is supplied with a lot of energy. Because of that more and more air rises up in a circle around the "eye". After a while this so called "eye" of the hurricane develops into a 20 to 60 km - zone free of any winds and clouds. Here the air is moving down and the clouds disperse.

Hurricanes come into being from July to November, mostly between 10° and 20° north in the West Atlantic, the Caribbean and the Gulf of Mexico. They never occur close to the equator.

As long as the hurricane moves over the warm sea there is enough energy to keep the whirl rotating. But as soon as the hurricane (moving with 15 to 50 km/h) hits land the energy supply is cut off because the temperature on the ground is reduced due to the falling rain. In addition the friction of the land takes effect. The hurricane becomes unstable. But there is still enough power to cause devastating damage and flooding around the coastal regions.

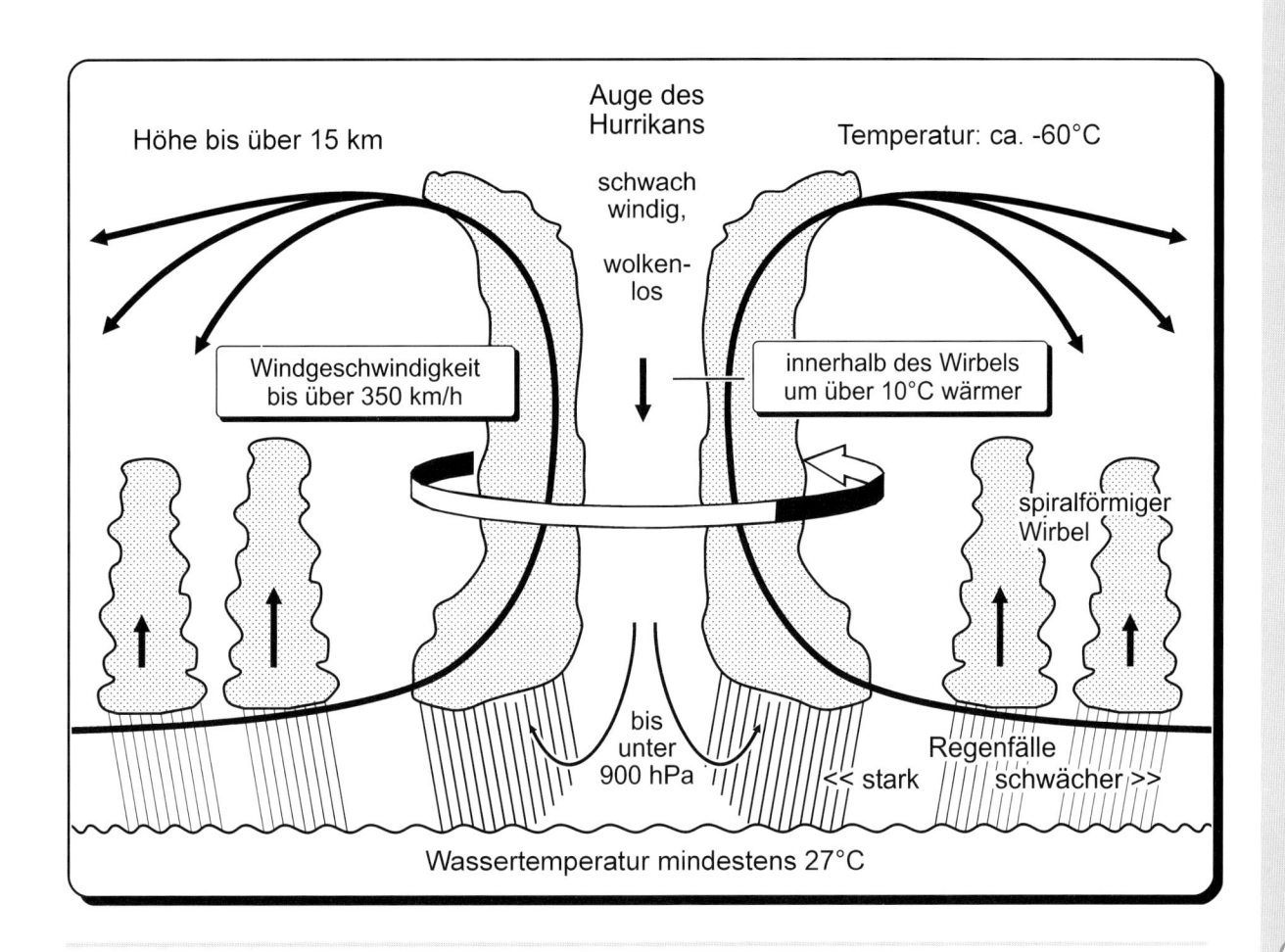

Diagram labels:
- Höhe bis über 15 km
- Auge des Hurrikans
- Temperatur: ca. -60°C
- schwach windig, wolkenlos
- Windgeschwindigkeit bis über 350 km/h
- innerhalb des Wirbels um über 10°C wärmer
- spiralförmiger Wirbel
- bis unter 900 hPa
- Regenfälle: << stark // schwächer >>
- Wassertemperatur mindestens 27°C

Hurricanes

information sheet 2

2.5 million Americans flee from the hurricane "Floyd". Chaos all over

America sees the biggest mass evacuation of it's history. 2.5 million people from Florida to Virginia try to run away from "Floyd". Many are stranded on the roads, have to spend the night in their car like Ted and Angie Miller from Charleston in South Carolina: "We drove and drove but all motels on the way to Atlanta were booked out".

Ed Rappaport has seen a lot of storms. "But this one is a monster", says the meteorlogist from the National Hurricane Center of Miami, when "Floyd's" photo occures on the computer screen. "Floyd" is one of the century's biggest hurricanes. He would have covered Germany completely with his size of 640 x 876 km.

Like a giant octopus the storm coloss puts out it's cloud-feelers more than 1 100 kilometres over the Atlantic. "Floyd's" glassy eye is staring at the US-East Coast like that of an hungry beast. Around it's pupil killer gusts rage with up to 350 km/h.

These hit the Bahamas last Tuesday. The storm devastated whole villages. Electricity and power are off. To some of the Islands contact is impossible.

Next stop: USA. "Floyd" will hit the country somewhere between Florida and North and South Carolina and he will burry the flat coastal strip under a tidal wave up to five metres. The NASA is trembling with fear for the Space Shuttle. Disneyworld in Orlando is closing for the first time for 28 years. The National Guard is on stand-by everywhere.

"It will be very windy and heavy rain will come down", the US-President is warning and he declares the threatened regions disaster areas.

But America escapes the feared catastrophy of the century. When "Floyd" finally reaches land, he was weakening down himself to 175 km/h. Although twelf people have been killed, thousands of houses have been flooded and two million households have been without electricity: compared to killer-hurricanes like "Andrew" and "Hugo" the damage is limited.

- "Andrew", August 1992   15.500 billion
- "Hugo", September 1989   4.195 billion
- "George", September 1998   2.900 billion

The deadly hurricanes
- in Texas, 1990 10 000 people killed (cat. 4)
- in Florida, 1928 1 836 people killed (cat. 4)
- in New England, 1983   600 people killed (cat. 3)
- In Florida, 1935   400 people killed (cat. 5)

The most expensive hurricanes (sums insured in US-Dollar):

Hurricane – damage according to the Saffir-Simpson-Categories 1-5

wind speed (km/h)	124 - 153	154 - 177	178 - 210	211 - 249	über 249
tidal waves (height)	1,2 - 1,5 m	1,8 - 2,4 m	2,7 - 3,6 m	3,9 - 5,4 m	über 5,4 m

Kategorie 1	2	3	4	5
small damage to buildings, piers, roads and trees	medium uproots weak and small trees, damage to road signs, flooding of coastal roads	considerable trees uprooted, damage to electricity and telephone cables and mobile homes, objects hurled up in the air	incredible; devastating major damage to roofs, doors, windows; massive evacuation of residential areas along the coast (3 km-strip) required: danger to life	disastrous massive damage to buildings; massive evacuation of residential areas along the coast (16 km-strip) required: danger for life

Whirlwinds in the USA   worksheet

❶ Analyse and evaluate the information given about tornadoes and hurricanes in the USA and complete the following table:

category	tornadoes	hurricanes
dissemination in the USA		
temporal occurence		
expansion and wind speed of the storm		
life span		
conditions of formation		
effects		

National Parks

record of work

❶ Choose one park for your poster. Lay out the poster on the map as shown in the example. Cross out the name of the park you made a poster about in the working report or add the name of the park you chose to the list.

List of national parks	done by...
❖ Arches National Parc (N. P.)	
❖ Badlands N. P.	
❖ Bryce Canyon N. P.	
❖ Canyonlands N. P.	
❖ Crater Lake N. P.	
❖ Death Valley. N. P.	
❖ Everglades N. P.	
❖ Glacier N. P.	
❖ Grand Canyon N. P.	
❖ Hawaii Vulcanos N. P.	
❖ Hot Springs N. P.	
❖ Mesa Verde N. P.	
❖ Mount Rainier N. P.	
❖ Rocky Mountains N. P.	
❖ Yellowstone N. P.	
❖ Yosemite N. P.	
❖ Zion N. P.	
❖	
❖	
❖	
❖	
❖	
❖	
❖	

National Parks   information sheet

Cathrin: Hey Kelly, great that you've got some time for me. Your job is really good and you wear a cool hat.
Kelly: Yes, the hat is part of my uniform. All park rangers have it.
Cathrin: What tasks does a park ranger have?
Kelly: That depends on different things. We are there for the visitors, we organise guided tours around the park and give lectures about it. And we are available if the tourists have questions or problems while organising trips. But our main task is to care for the protection of all the animals, plants and rocks in the park. As you know it is strictly prohibited to take anything away from the park.
Cathrin: What do the tourists do in general around the park?
Kelly: There is lots to do for the visitors. At first there are, of course, the information centres, where you can learn about all the special features of the park. Many tourists also come to go on tours or to walk in the park. There are walks and camping sites all around the park, so tours lasting several days are possible, too. However, besides walking you can also go climbing, do boat tours, go fishing, ride on horses and – in winter time – you can go skiing or ride motorized sleighs. It just depends on what is possible in the park at certain times of the year. Here in the Yosemite Park kids can even learn how to climb or they like to go down the Merced River on big puffed-up tyres. In the Grand Canyon, for example, you can go rafting on the Colorado River or you might fly into the Canyon by helicopter.
Cathrin: But how can one protect the nature or the wild animals when all the tourists come to the park and walk around there?
Kelly: Yes, that's a problem, of course. But most of the attractions are close to the roads that go through the park. This means that the tourists can reach the main attractions by car or a short walk will do. The wilderness starts only about a hundred metres away from the road. Facilities for the tourists like hotels, shops, restaurants, camping sites and petrol stations are concentrated in the centres and take only 5% of the whole park area. On the walks there are only simple camping sites. Nevertheless it is so crowed at the weekends or during high season sometimes, that we have to give "Permits" for the several wilderness walking tours to reduce the number of people doing the trips. One can book a route in advance.
Cathrin: And what are the attractions in your park?
Kelly: The Yosemite Park is one of the most famous parks. It is situated in the Sierra Nevada and in a high mountain region.
The heart of the park is the Yosemite Valley. It is given it's shape by the glacier and the granite walls surrounding the valley are up to a thousand metres high and stand vertically. The waterfalls and the rocks shaped and cut by the ice are very famous, too. In the southern part of the park we've got the well known giant redwood trees. The highest is the Grizzle Giant which is 63 metres high and 9 metres in diameter at the bottom. Trying to get the tree on a photo can be very difficult if not to say impossible. You can watch numerous animals like the mule deer, for example. Sometimes, at night, grizzlys prowl around the valley and the camping sites are very likely to be visited by family racoon. Therefore we have put metal boxes all around for the campers, so they can close their food away from the voracious bears. By the way, the name Yosemite refers back to a word of the Miwok Indians who lived here: "uzumatis". It means "grizzly".
Cathrin: I have read that the the Yellowstone - National Park, which was founded in 1872, has been the first National Park ever worldwide and that there are over 53 National Parks in America today. The idea went all around the world and now you can find these parks in many countries.

National Parks   information sheet

Kelly: That's right. But we in California believe that the idea was born in the Yosemite area. Here the first tourists came in 1855. They were faczinated by the landscape, they told others about it and they demanded the nature to be legally protected. So in 1864 President Lincoln signed a law that passed on the official rights over the Yosemite Valley and the giant redwoods to the State of California. However, the law of founding the Yosemite National Park was passed later in 1890. Here I think I should mention John Muir. He was a scientist and protector of the nature and he tirelessly supported the idea of creating this park. So he contributed a lot to it's foundation. His aim was to save the giant redwood trees from the woodworking and timber trade industry and to protect the region against the damaging attacks of the sheep and cattle farmers as well as the ore miners. Furthermore he was fighting against artificial water reservoirs. At the beginning there were no park rangers but the army had to protect the area. Only in 1916 the National Park Service was founded which runs the park till today. Nowadays the Service has much more to do than just to protect the nature. Management and scientific research in order to create new protection areas as well as informing the visitors is also part of the tasks.

Cathrin: Are all National Parks worldwide connected within the National Park Service ?

Kelly: No, worldwide another organisation was founded, called IUCN, International Union for Conservation of Nature and Natural Resources. Apart from that each state has got it's own organisations. But in 1969 the IUCN has passed an internationally valid definition in New Dehli. I do not know exactly what it is saying but you can find it in this leaflet. Just a moment... A National Park is a:

"Natural landscape or maritime area which was selected in order to

a) protect the ecological balance of one or more ecological systems in accordance with the interests of current and future generations in order to

b) prevent any usage or demands that are harmful to the area and in order to

c) create a platform for intellectual and mental experience as well as provide a basis for scientific work, education and relaxation for visitors. They have to be environmentally and culturally appropriate." (version 1994)

Cathrin: I would really like to go outside now. Are you coming as well? Will you show me something?

Kelly: I am guiding a group of tourists to the Bridalveil Waterfall later on. What about coming with me ? So we can talk more about the park and my job.

Unfortunately you cannot come with Kelly and Cathrin but if you have the possibility to use the internet you can click on the several parks and go on a virtual tour through the National Parks. Here is the address:
http://www.nps.gov.
From this site you can go to all National Parks in the USA.

Go West

information sheet

The settlement of the USA

The European immigrants populated the regions along the Atlantic Coast first. The Appalachian Mountains formed a first natural obstacle. Politically and economically the colonists orientated towards Europe.

Only after the War of Independence they finally changed their viewpoints. The Human Rights guaranteed in the constitution of 1787 made the USA the most liberate country in the world. As a result a massive wave of immigration from Europe to America followed. Therefore more and more space was needed for all those people and so the Great Frontier moved West.

The Squatter, families of pioniers, had been the first who cleared a little spot of wood in the wilderness, built a log cabin and settled down. Severe conflicts with the Indians only arose later when the rangers came with their herds followed by the farmers who all took possession of the fertile land.

Around 1850 the Mississippi was reached. The opening up of the Midwest followed soon.

With the discovery of gold in California in 1848 the big Gold Fever started. Thousands of gold-hunters and settlers went along the few trails crossing the prairies and the Rocky Mountains. The Indians were forced to leave their holy land and had to withdraw to the desolate mountains and the dry, barren areas.

In 1869 a railroad connected the South and the West Coast. A lot of land along the railtracks was given to the settlers for free.

In 1890 the USA declared the settlement of the West to be finished. There had not been any bigger areas left unsettled.

Speech bubble (settler): In the USA the Human Rights are guaranteed: All men are equal by birth and have the right to live. They have the right for freedom, happiness, democracy, freedom of religion, freedom of the press and of speech and freedom of assembly. They have the right to carry guns, are protected against arbitrary arrest or accuse and are guaranteed the right for a fair treatment in court.

Speech bubble (Indian): Are only Whites human beings?

USA all over

worksheet

1. Do the crossword puzzle.
2. The letters marked with the numbers 1 – 15 will tell you who welcomed the immigrants in New York.

1. state on the river Ohio and state in the middle
2. US-Secret Service
3. national park with geysers
4. capital of Massachusetts
5. national drink in America
6. state south of Lake Michigan
7. capital of players in Nevada
8. town in the North West
9. state in the North West / capital of the USA
10. tropical storm
11. longest river
12. one of the oldest states
13. mountain range in the East
14. town on Lake Michigan
15. neighbouring country in the South
16. one of the Great Lakes
17. river leading to the Mississippi
18. biggest state in the USA
19. neighbouring country in the North
20. cattle ranger, cowherd
21. federal police authority
22. stretch of water west of California
23. whirlwind with trunk

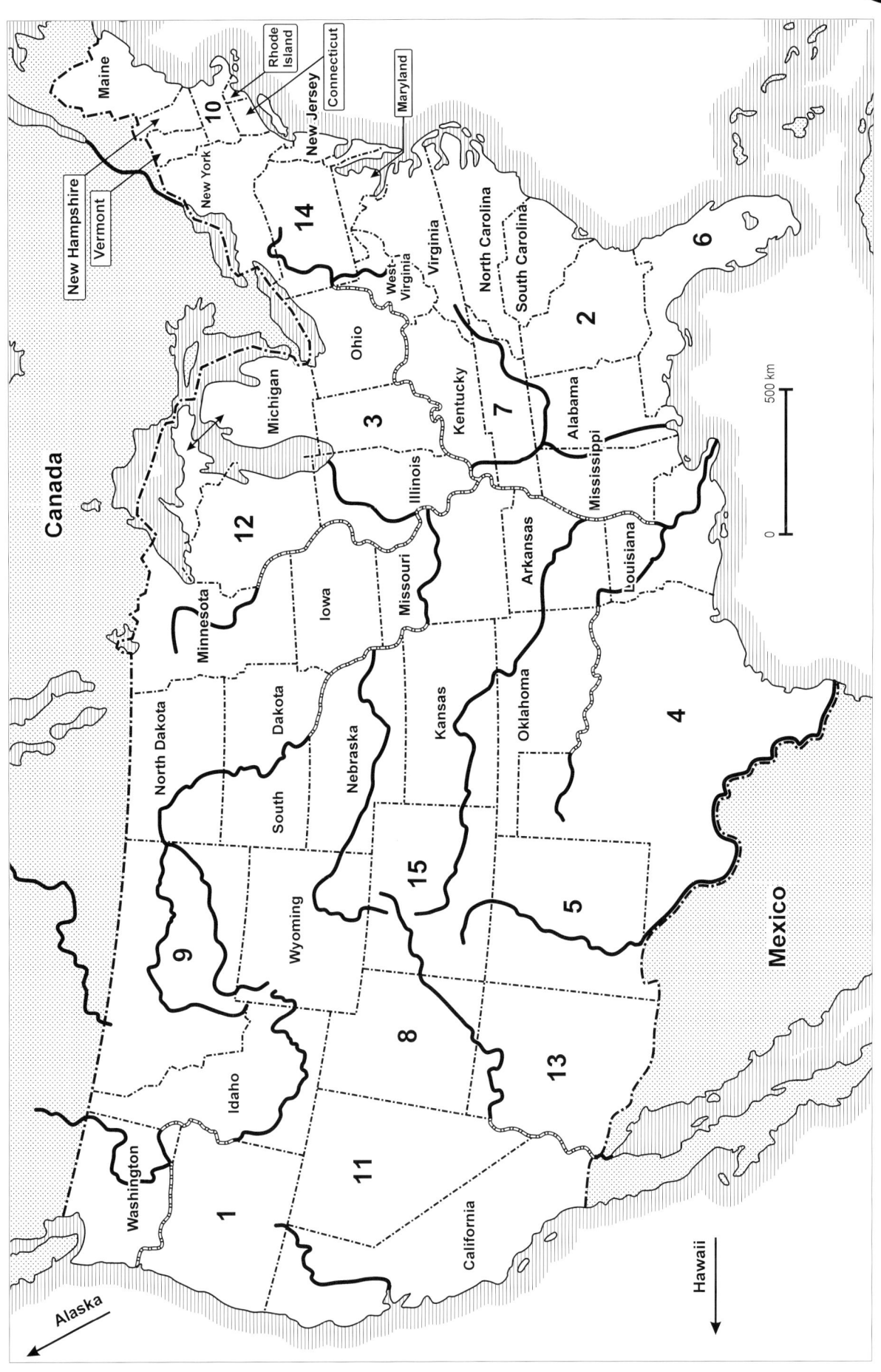

States of the USA

worksheet a

States of the USA — worksheet

❶ Find out the 15 states of the USA hidden in this word game.

A – a – chu – co – Co – con – da – da – di – do – Flo – Ge – gia – gon – In – lo – Mas – Me – Mon – na – na –na – Ne – nes – New – nia – O – or – Penn – ra – re – ri – ri – sa – see – setts – sin – syl – ta – tah – Te – Ten – U – va – va – Wis – xas – xi – zo

Match the states in the map which are marked with numbers with the fifteen states you have found out. Use the atlas only if really necessary.
The squares marked with bold type lines will tell you the solution, the title of one of the most famous American novels, written by Margaret Mitchel (1900 – 1949), which also became a tremendously successful movie.

1. ☐☐☐☐☐☐
2. ☐☐☐☐☐☐
3. ☐☐☐☐☐☐
4. ☐☐☐☐
5. ☐☐☐☐☐☐☐☐
6. ☐☐☐☐☐☐
7. ☐☐☐☐☐☐☐☐
8. ☐☐☐☐
9. ☐☐☐☐☐☐
10. ☐☐☐☐☐☐☐☐☐☐☐
11. ☐☐☐☐☐
12. ☐☐☐☐☐☐☐☐
13. ☐☐☐☐☐☐
14. ☐☐☐☐☐☐☐☐☐☐
15. ☐☐☐☐☐☐☐

Solution: ☐☐☐☐ ☐☐☐☐ ☐☐☐ ☐☐☐☐

Townships and Sections

worksheet

1. On which quartermile of a township would you set up a small town with basic facilities like shops, a school and a church? Mark it in material 1 and give reasons for your decision.
2. Why are the quartersections in material 2 used in different ways by the farmers?
3. What are the advantages and disadvantages of this scheme of settlement?
4. Even the borders between the American states run straight North-South and West-East. Find examples in the atlas.

The American Land Surveying

Since 1861 the settlement policy was directed by the American government. The land west of the Mississippi was surveyed schematically and split up checkerlike in townships and sections with no consideration for the landscape.

In 1862 President Lincoln enacted a law saying that every male citizen over 21 could acquire a homestead for a small fee. However, it was determined that he had to live on this land for five years and had to cultivate it. During that time the resale of this land was prohibited.

A homestead comprises a quartersection and corresponds to an area of 64 hectares.

Material 1:
The landdividing scheme of the USA

1 township	=	36 section
1 section	=	1 x 1 mile
1 mile	=	1,6 km²
1 quartersection	=	64 ha
1 ha	=	10 000 m²

Material 2:
Land use pattern in the Middle West

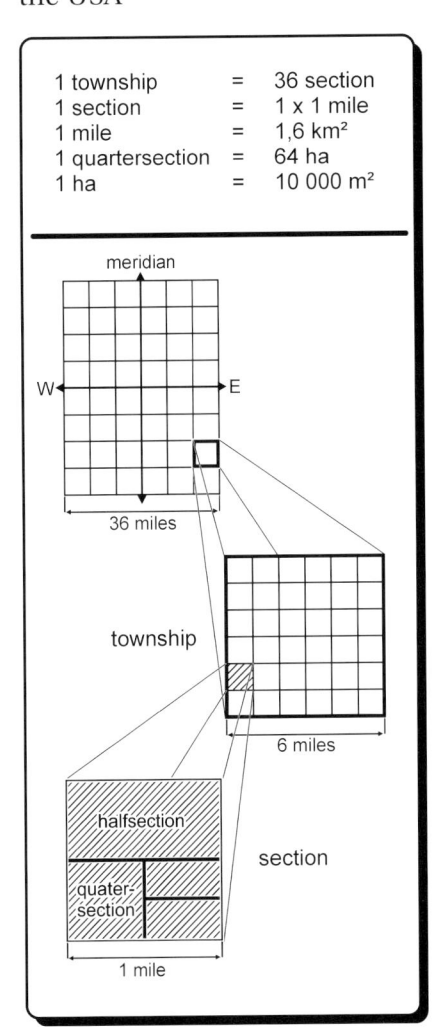

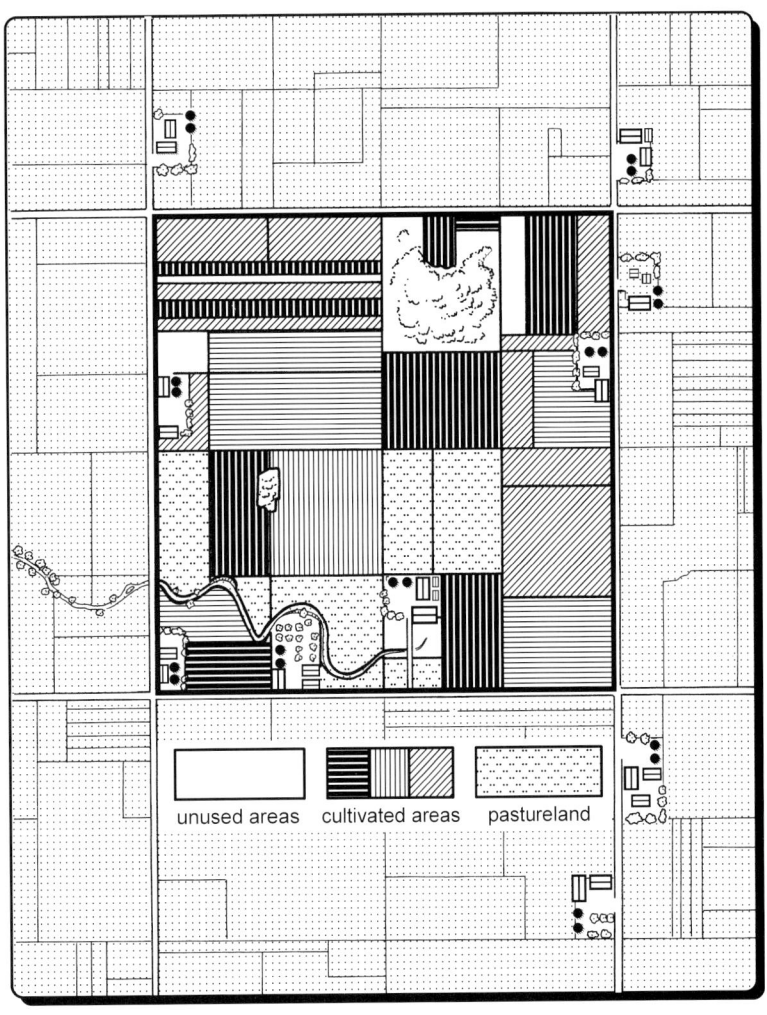

unused areas   cultivated areas   pastureland

The USA – a Country of Immigrants — worksheet

❶ Number and origin of the immigrants
Complete the diagram (1991–2000).

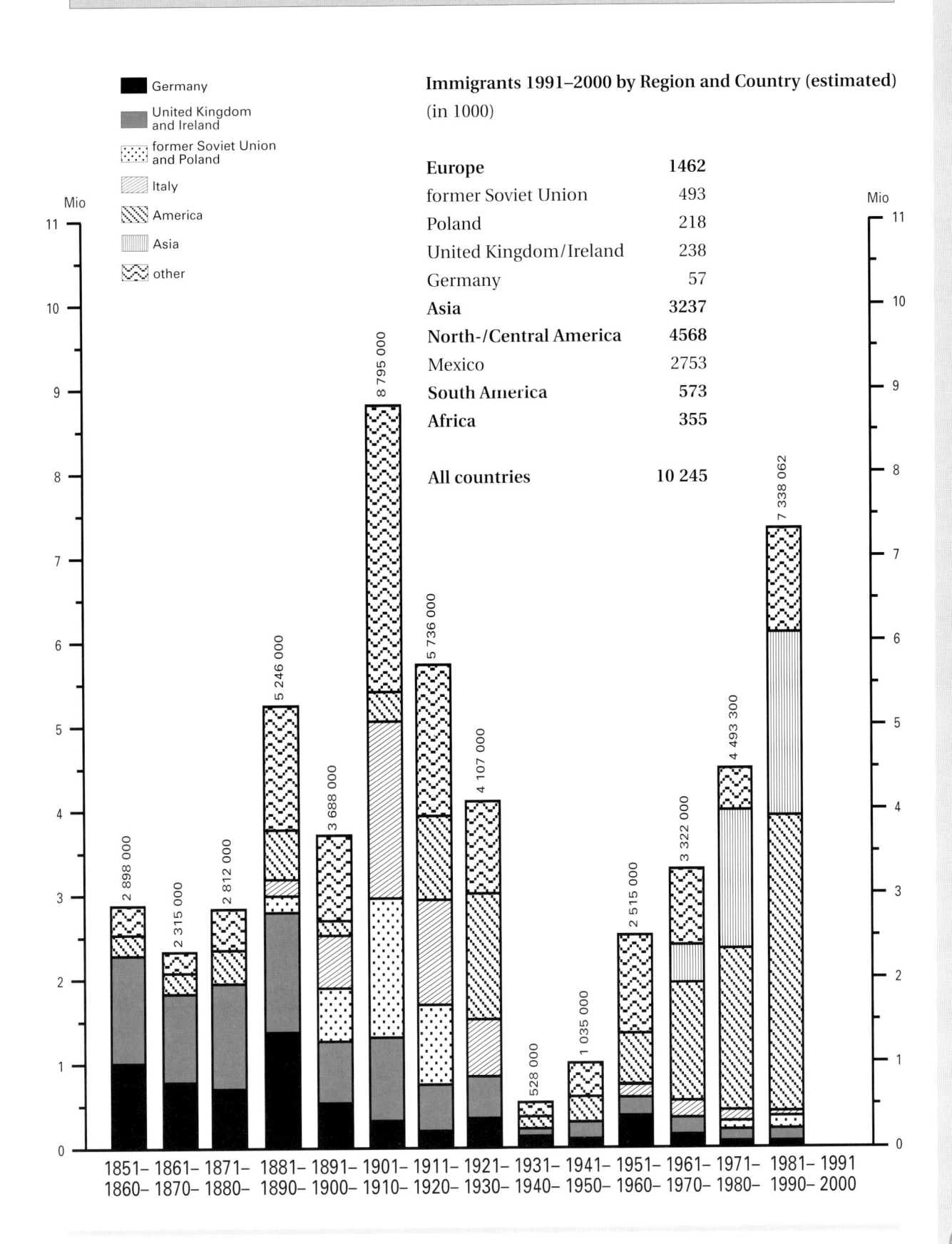

Legend:
- ■ Germany
- ▨ United Kingdom and Ireland
- ⋯ former Soviet Union and Poland
- ╱ Italy
- ▧ America
- ⫿ Asia
- ∿ other

Immigrants 1991–2000 by Region and Country (estimated) (in 1000)

Region/Country	
Europe	**1462**
former Soviet Union	493
Poland	218
United Kingdom/Ireland	238
Germany	57
Asia	**3237**
North-/Central America	**4568**
Mexico	2753
South America	**573**
Africa	**355**
All countries	**10 245**

Bar chart values (Mio):
- 1851–1860: 2 898 000
- 1861–1870: 2 315 000
- 1871–1880: 2 812 000
- 1881–1890: 5 246 000
- 1891–1900: 3 688 000
- 1901–1910: 8 795 000
- 1911–1920: 5 736 000
- 1921–1930: 4 107 000
- 1931–1940: 528 000
- 1941–1950: 1 035 000
- 1951–1960: 2 515 000
- 1961–1970: 3 322 000
- 1971–1980: 4 493 300
- 1981–1990: 7 338 062
- 1991–2000: (to be completed)

The USA – a Country of Immigration   worksheet

> ❶ Explain why the USA have been a preferred immigration country.
>
> ❷ Convert the information of the diagram into a text.
>
>   till 1910: _____
>
>   1911–1950: _____
>
>   since 1950: _____
>
> ❸ Examine whether the image of the USA as a melting pot is still true today.

Since the 18th century millions of people have left Europe. They fled from famine and wars, from poverty and religious and political persecution. They hoped for a better life in the USA. In the land of unlimited possibilities farmers, manual and industrial workers and employers were required. Here, it was said, everyone could realize his dreams. Not the social background but competence was important for the "self-made man". Everyone could go from rags to riches.

The European immigrants were soon integrated in the society and gave up their own language. The USA encouraged this process as they regarded themselves as a melting pot, where races, cultures and religions were melted into a new American society. However, it was difficult to integrate the former African slaves and the Native Americans.

In 1965 the USA changed their immigration policy. European immigrants were no longer favoured. Hundreds of thousands of people from the poor Asian and Latin-American countries applied for the "green card", the entitlement to immigration and work.

In 1995 eight million cards were requested but only 55 000 were issued. Many of those who did not receive a card have tried to immigrate illegally, either by swimming across the Rio Grande or by climbing over the metal fences at the Mexican border.

In the southern states the Hispanics or Latinos, as the Spanish speaking immigrants are called, form a large social group. They are self-confident, demand bilingual schools and want Spanish to become the second official language. Meanwhile TV stations in the South broadcast Spanish programmes.

Also the majority of Chinese do not want to become part of the melting pot. They mostly live in Chinatowns and have retained their own life-style. Chinese and Japanese are regarded as very efficient and are therefore more easily accepted by the white Americans than the Latinos.

Black America

worksheet

1 Read the different voices from New York.
Sum up the living conditions and way of life of the Blacks.

Donna Hampton, 15:
I like going to school and I work hard for good results, for a better future. I want to get out of here. Look around, high unemployment rates, no future, houses falling to pieces. Because nobody is able to pay high rents, the house owners are not willing to run the houses properly and so everything decays. The living conditions are very bad. A lot of children are ill, there is no safe place for games or sports. Crime rules the ghetto, last month they shot our window. Nobody protects you. Crime, alcohol, drugs and prostitution everywhere.

Marvin Williams, 28:
We experience the time of new departures into the future. Church and public societies buy empty houses and blocks in order to renovate and sell or rent the flats at cost to people in the neighbourhood. We organize a security service in our streets working all around the clock, we don't want gangs here. At high schools young teachers offer free job training, computer and internet courses as well as dance, music, theatre or sports for free. We take the kids away from the streets and give them a future. Harlem is full of talent and energy which had been ignored for decades. Now we re-built Harlem block by block.

Darrin Clay, 17:
If you are young and black, you won't get a job, you've got no rights. – The Bronx is hell. – Only the strong survive. – Our gang, the Blackdogs, we rule two streets here – our territory is marked with graffiti. – Sure I've got a gun, you can't be without here, at nights – hey, may be not now, now there's peace with the Potheads – that's a Latino gang, lousy guys – but instead of war we've got Breakdance now, and Rap – sure, we're the best, we'll show them…

Hilda Joyner, 23:
I have to bring up my children alone. 60% of all black children grow up without a father. Governmental support is being paid for five years maximum only. We get $ 565 a month and have a health insurance. In two months the support ends. I desperately need a good job to earn enough money to pay for life, insurances, child care and commuting to my job. But here there is nothing like this. Luckily I was able to do my school degree last year, this might help – eventually.

Lon Davies, 45:
Only in 1964 the discrimination of the black population in public life and at work had been declared illegal. But still there are huge economical differences between the lifes of white and black Americans. My family is well, we have a good life, we belong to the black middle class. I work in a bank, my wife works for an insurance company, our three children go to a good high school. We have got our own house in the suburbs and get along well with our white neighbours.

Black America

worksheet

❶ Analyse the graphics and diagrams. Compare the living conditions of Blacks and Whites:
- education and family
- financial situation.

❷ Compare the social situation in Central Harlem and Upper Eastside.

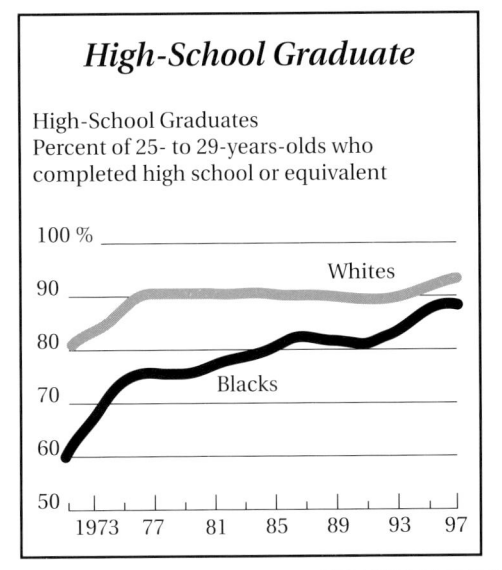

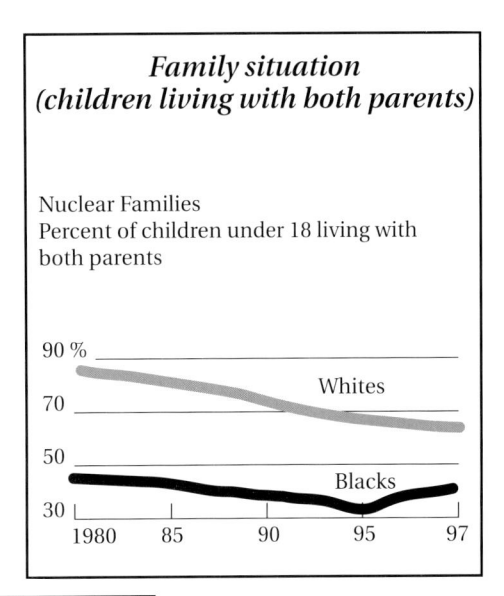

High-School Graduate

High-School Graduates
Percent of 25- to 29-years-olds who completed high school or equivalent

[Line graph showing Whites rising from ~85% in 1973 to ~92% in 1997, and Blacks rising from ~60% in 1973 to ~87% in 1997]

Family situation
(children living with both parents)

Nuclear Families
Percent of children under 18 living with both parents

[Line graph showing Whites declining from ~80% in 1980 to ~65% in 1997, and Blacks declining from ~45% in 1980 to ~35% in 1997]

Median weekly wage (in $)

Median weekly earnings for workers 15 and older

Male	1990	1993	1997
Blacks	303	311	348
Whites	499	469	502

Female	1990	1993	1997
Blacks	196	203	250
Whites	243	240	265

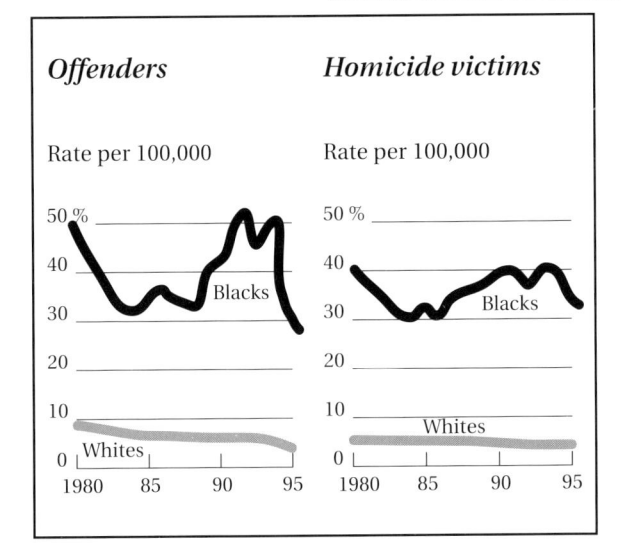

Offenders

Rate per 100,000

[Line graph 1980–95 showing Blacks fluctuating between ~30–50%, Whites near 0]

Homicide victims

Rate per 100,000

[Line graph 1980–95 showing Blacks fluctuating around 30–40%, Whites near 0]

Social situation in Manhattan (1993)

	Manhattan (total)	District Central Harlem	District Upper Eastside
population	1,487,538	99,519	210,888
ethnic groups (%)			
– whites	49	2	87
– blacks	18	87	3
– Hispanics	26	10	6
– Asians	7	-	4
female head of the houshold with children (%)	8	21	2
single household (%)	49	44	54
college/university degree (over 25) (%)	68	56	92
average household budget/year (US-$)	32,300	13,300	53,000
unemployment (%)	8	18	4
welfare receivers (%)	20	44	3

Those who talk to the trees   worksheet

("wanted" poster)

Living conditions and climate:

Important tribes:

Basis of living:

Equipment:

Clothing:

Housing:

Means of locomotion:

Crafts:

Women's tasks:

Men's tasks:

Other cultural features:

New York – New York   worksheet

a Compare the skyline of a European and a North American city.

b Describe the two photos (2) of New York and assign them to the skyline of a North American city (1).

c Describe the population development in the city and the metropolitan area of New York (3). Try to explain why developments differed.

1: Skyline of a European and a North American city

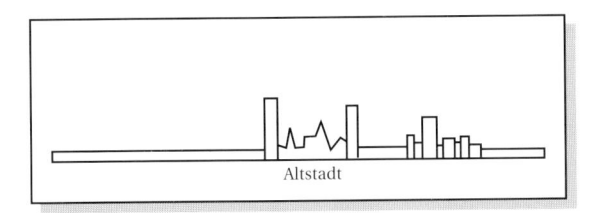

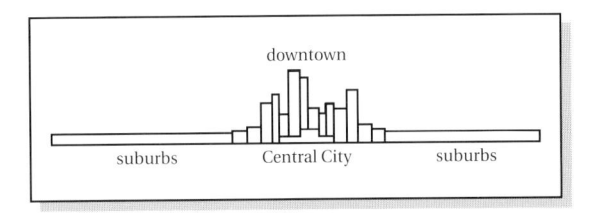

Altstadt

downtown — suburbs — Central City — suburbs

2: Two sides of New York

3: Population development in New York (in 1000)

	City	Metropolitan Area
1950	7 892	9 559
1960	7 782	10 695
1970	7 896	11 572
1980	7 072	14 895
1990	7 324	17 967
1992	7 312	18 094

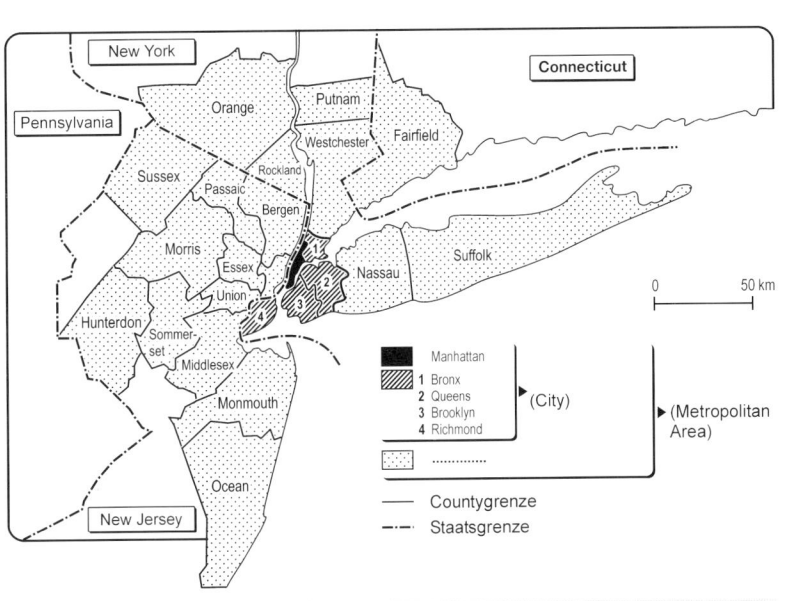

Manhattan
1 Bronx
2 Queens
3 Brooklyn
4 Richmond
▶ (City)
▶ (Metropolitan Area)

— Countygrenze
–·– Staatsgrenze

The Development of a North American City, Part I   worksheet

1. Why are there so many skyscrapers in the CBD?
2. Find reasons why the middle-class families have moved to the suburbs.
3. What were the conditions for the development of the suburbs?
4. What problems result from the life in the suburbs?
5. What are the reasons for the formation of ghettos and slums in the central city?

Situation in 1960

The American cities are usually laid out like a chessboard. Starting at the "Main Street" the "Avenues" (North-South) and the "Streets" (West-East) are numbered.

The city centre is called downtown. Here is the Central Business District (CBD) with lots of skyscrapers, the management of big firms, banks, insurance companies, lawyer's offices, expensive shops and restaurants. Normally there are not any apartments.

Around downtown there is an area of mostly older two-to-six-store houses, apartment houses, shops, public services and older industrial firms and trades. Since the fifties Whites with a higher income have moved to the suburbs, Blacks and Hispanics have moved into the free apartments. Because they could not pay high rents the house-owners did not maintain the houses. So a lot of apartment houses decayed and slums arose.

Familiy houses with garages and gardens are typical for the suburbs. Here people live and sleep and they commute to the city centre to work and shop. As most of them travel by car, there are often traffic jams during the rushhours.

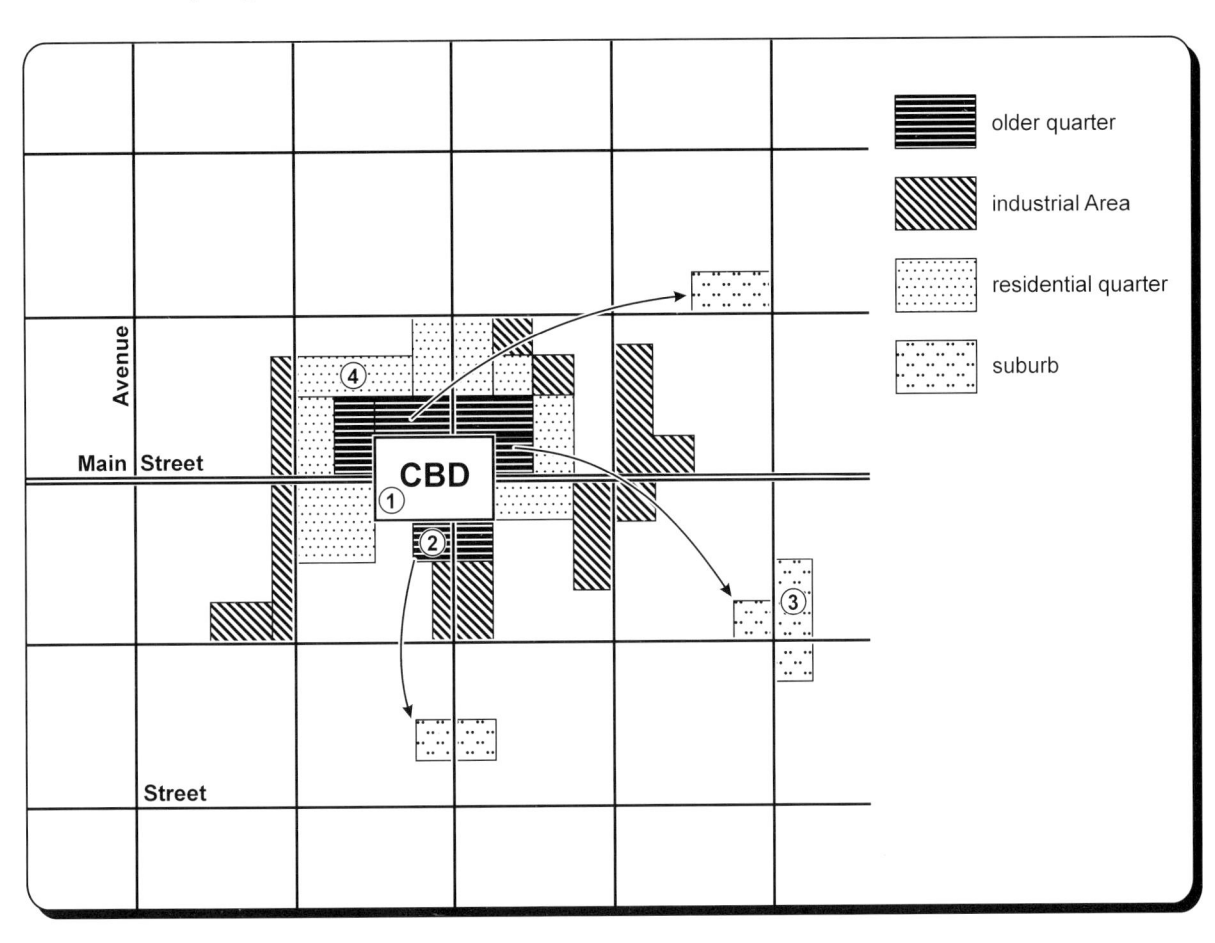

The Development of a North American City, Part II — worksheet

1. Give reasons for the development of commercial strips along the main roads.
2. What is a mall? Explain.
3. What are the effects of commercial strips and malls on the inner city?
4. Explain what chances the lower cost of land in the downtown districts offer.

Situation today

Gradually commercial strips with supermarkets, gas stations, furniture shops and various services have been built along the main roads to the inner city. The suburbs spread further into the surrounding countryside. Today 50 % of all Americans live in the suburbs. "The suburbs are a place to escape, the schools are better, the air is cleaner and the crime rate is low", the residents say.

Because of the rapidly growing traffic it became necessary to build a beltway. There business parks emerged with new industrial firms and offices. Trade, services and public administration followed the people to the suburbs. Malls were built in well-situated locations. These are covered shopping-streets with supermarkets and numerous stores, banks, restaurants and services like hairdressers or fitness studios. There are large carparks adjacent to the malls, as they can only be reached by car.

In the suburbs centres with all necessary facilities have been developed, so called "edge cities".

Today a modern American city has several centres.

The residential areas in the central city decay more and more. Many shops have moved away or closed. The result is that many houses are empty and numerous plots of land are no longer used and get cheaper and cheaper.

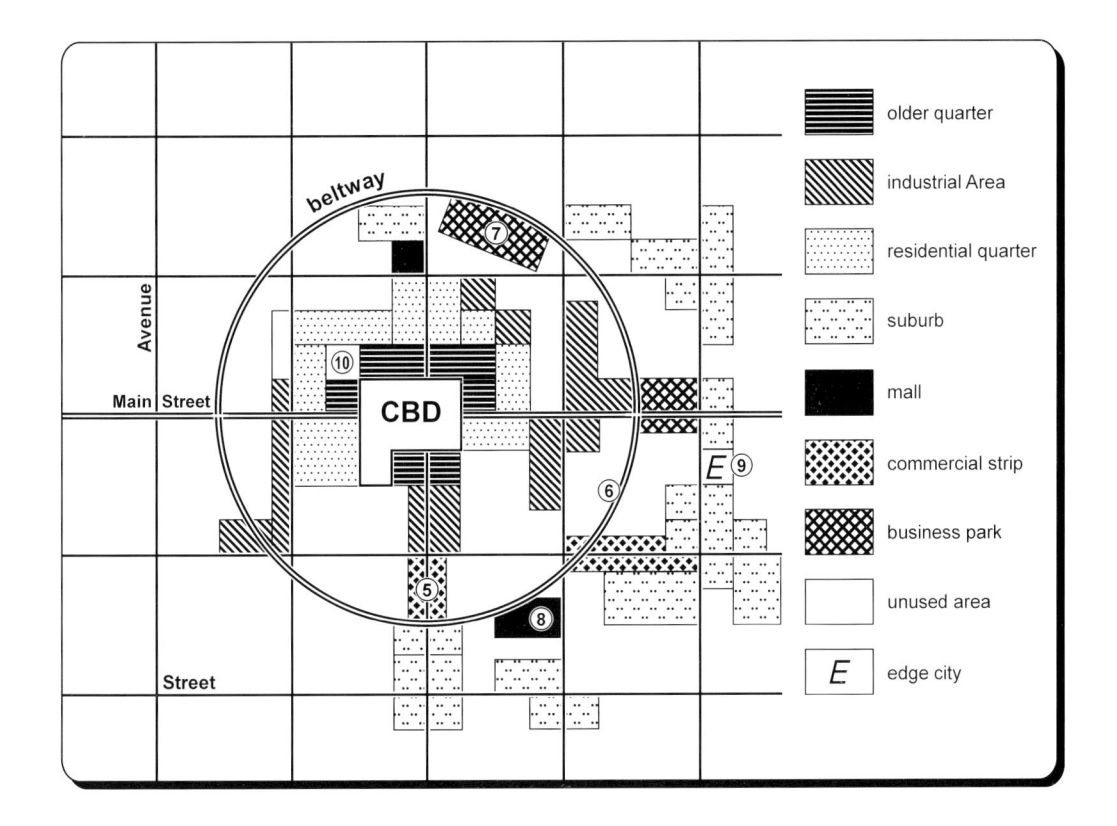

Those who talk to the trees

information sheet

The Indians of the forests of the North East

Between the Mississippi and the Atlantic Ocean and all around the Great Lakes there were huge mixed forests giving the Indians everything they needed to live. So they saw themselves as children of the woods. Mostly they settled along the rivers on which they travelled long distances in canoes made of birch bark stitched together with larch roots. Those canoes were very light and a man could easily carry them to the river.

The tribes settling here, like the Hurons, Delaware, Illinois and Chippewa, lived on what was given to them by the nature around: fish, meat or fruit of the forests. Furthermore they did some farming. The most powerful tribe of the region were the Iroquis who were said to be warriors.

They already had a highly developed agricultural system; corn, beans and pumpkins formed the basis of their food. Even popcorn had been on their menu already. To cultivate the land they used the digging stick, a wooden spade or a hoe made of the shoulder blade or the antlers of a deer.

The Iroquis had remarkable political ideas: in order to avoid fights among themselves and to be more powerful in wars against their enemies the tribes with similar languages, the Mohawk, Oneidas, Onondagas, Cayugas, Senecas and Tuscaroras, entered into the Bond of the Iroquis. As a sign of the Bond they knoted Wampums. These are belts made of shells strung together in a certain pattern. In these tribes other contracts or declarations of war "had been written down" in the same way, too. Shells were also used as money.

The Iroquis lived in extended families in so called long-houses. Head of the family was the woman, she owned the house, the land and the crop. Women also led the "Clans" (alliance of several long houses) and the elected the "Great Council". Without their agreement the men were not allowed to start a war. Cooking, farming and childcare were also women's tasks. The killing instead – and furthermore hunting and felling trees – was men's work, as well as house building.

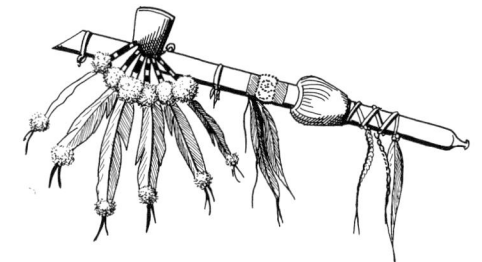

The Iroquis lived in villages consisting of several long houses which were about 25 metres long and 5 metres wide and high. The basis of the house was a wooden scaffolding, the walls had been made of bark and raffia mats and on top they had a round or gabled roof. The house was separated into rooms with the help of leather curtains situated on the right and left side of the middle passage way of the house. In each room there lived one family. In the passage way between two rooms a fire was burning. It was used to keep the house warm and to cook the meals. The village was usually surrounded by a fence made of sharp stakes. Outside there had been large and wide fields.

The Iroquis wore knee length leggings and over that they had shirts or dresses and mocassins made of suede. These had been richly decorated with shells and porcupine bristles. Among young men the Iroquis hair cut was a common way of "styling" the hair indeed but it was not really widely spread in all the tribes. The Stake is mainly an Iroquis way of torture only. Mostly it had been a simple tree-trunk to which the enemy had been tied up and slowly tortured to death. Similarly the scalping of people made it's way from the Iroquis to other Indian tribes.

The Alongkin lived north of the Great Lakes. Because they had the first contact with the white settlers, a lot of the "typical Indian" words come from their language. They called their dome-shaped hats made of birch scaffoldings and elm bark Wigwam (= house). In all the European languages the word "Wigwam" was used for most of the Indian houses and hats very soon. But also Tomahawk, Squaw, Manitu, Miami, Chicago, Mississippi and many other words come from this language.

Those who talk to the trees

information sheet

The Indians living in the forests of the South East

Between the Atlantic Ocean and the lower reaches of the Missssippi large wide rivers ran through the dense mixed forests. Boats made of tree-trunks called dug-out canoes were used to travel on the rivers. Meat and fish formed a big part of the food of the Indians living here: the Creek, Cherokee and Natchez. Beside bow and arrow the men used blow-pipes as arms, with which they hunted for birds mainly. Because of the mild climate and the fertile land the growing of corn and many vegetables was an important basis of living. Tobacco was also grown. Due to the climate light clothes made of cotton, raffia, grass and feathers had been worn. Further more the Indians usually wore jewellery in their noses and had their faces, chests and arms tattooed.

The biggest tribe of the region were the Creek, an alliance of several smaller Indian tribes. The Creek were governed by a council voted by the members of the tribes. They had chief of war and a chief of peace, whereas the last-mentioned had often been a woman. The chief of war, for example, organised the games contests taking place between the different Creek tribes every year in order to reduce aggression. One of these games was the Chungke-game in which a fast rolling stone disc in the size of a CD had to be stopped by the rival just by throwing a stick. The chief of peace was the social representative of a tribe and made political decisions. The Creek already had different crafts and their professionals produced goods like pans, clothes and arrowheads exceeding their own demand. So they offered their products to exchange them with other Indian tribes.

The Creek believed that the earth was a disc in the shape of a rectangle surrounded by water and having the world column in it's centre. According to this idea the Creek built their villages. In the centre of the village there was a square and in the middle of that square stood a stake with an animal's scull on top. The stake was used during the game contests, for example. At one side of the square the important buildings like the big round cult house had been built. The residential buildings, framework houses with clay walls, had it's place outside this holy district. The noise of pounding cornflour, which was like working on the fields and taking care of the children part of women's tasks, formed the typical picture of life in a Creek village.

With the arrival of the white settlers the Indians were expelled from their ancient land. Many of them fled to Florida's empty marshland. There a new tribe was founded, the Seminolee ("The exiles"). Former black slaves also joined them. To be protected against snakes and alligators they lived in houses built on stilts with roofs made of palm leafs. They also grew vegetables and pounded acorn flour which they used for baking. In addition they lived on fishing mainly. They often used poison to deaden the fish in order to catch it.

Those who talk to the trees

information sheet

The Indians living in the prairie

The prairies, the wide grass land of North America, are run through by big rivers like the Mississippi, Missouri, Platte and Arkansas. Gallery-like forests stretched over the countryside along the rivers bank. The half-settled tribes of the Pawnee, Mandan, Osage, Kansa and Missouri lived there.

With the beginning of spring the women prepared the fields and sowed corn, beans, pumpkins and tobacco. The several fields had been separated by sunflowers. The agricultural crop was dried and stored in stock holes dug two to three metres deep into the ground. The villages close to the rivers and forests consisted of earth grounded houses. Those special houses were lowered into the ground and covered with a domed roof which was made of willow trunks and woven mats of willow and rush. Finally the houses were covered with earth and planted with grass in order to create an insulating layer for the cold winter storms.

During winter and the time when the crop was growing the men went hunting for bison. They used bow and arrow and took tipis (tents) with them. Only after the Spanish conquerors brought horses to America hunting on horses became possible. Before that the Indians went on foot and carried the things needed on a travois, a trestle to transport things, consisting of two long thin poles of pine wood that were connected with bars and belts, which was dragged by a dog. The meat of the bison was dried, mashed, mixed with nuts, berries and herbs and finally hot fat was added to make solid mixture. So the Indians were able to preserve their meat for a very long time. This preserved food was called Pemmikan.

The Indians of the prairie wore clothes of leather with a fringe which were decorated with ermine tails, tassles of human or horse hair and pearl embroidery. The women were very experienced in different crafts. They made wonderfully decorated pottery but basket-making or weaving belts and bands with bison wool was also part of their work. The Indians did not use a loom to weave but they hung the threads vertically on a branch without fixing them at the bottom (finger weaving). The weaving yarn was put through those threads, a technique that strongly recalls the image of plaiting. The art of drawing on fur and animal skin was also a highly developed craft. On the hairless out- or inside of hunting shirts, winter clothes or tents the men created wonderful painting and drawings telling the history of their tribes, religious scenes and individual heroic deeds. The colours made of different soil and plants were put on the skin with soft-chewed wood or bones which had been softened up and tattered.

In order to cross the rivers when looking for firewood the Mandan women used a so-called bullboat, a very light hemispherical boat made of willow branches and bison skin. Those boats were also used to cover the chimney hood of the houses in case of bad weather.

Those who talk to the trees

information sheet

The Indians of the Plains

When you see Indians riding over the screen of a cinema, you see the Indians of the Plains that were often attributed to cult objects of other tribes like the totem pole, for example. They were said to be the best cavalry of the world and they had been holding back the advance of the Whites for 50 years.

Across the wide, dry grass land between the Mississippi and the Rocky Mountains huge herds of bison defined the life of the Cheyenne, Sioux, Blackfeet, Comanche, Kiowa and other tribes. Hunting bison was their basis of living, at first on foot, later on horse. Besides that they also picked berries and hunted for other animals like the antelope or wild birds.

The bison supplied meat, fell and skin for the production of clothes and mocassins, wool to make ropes and tendons for sewing and producing bows. The animal's stomach was used to carry water, it's bones were the material to produce tools and needles and the dung was an imperative fuel in the treeless region.

Those tribes did never have to worry about food and because they only killed an animal if they really needed to, there had not been big losses in the herds.

The Indians of the prairies followed the bison in small family assiciations. They rode their horses without a saddle and just one rein. The horse was only driven by the moves of the body. Horses had also been pack animals. The property of the families was put on a travois, a trestle made of two long thin pine poles connected by bars and belts which was dragged by a horse. The tipi (tent) consisted of several wooden poles tied together on top. The conical scaffolding was put up first and then covered with up to fourteen naked and tanned bison skins. It was about three to eight metres in diameter. Because of it's shape the tent stood up to the storms of the prairie. In the middle of a tipi a fire was burning and the smoke went away through the top. The ground inside was covered with fell and while they were sleeping the Indians wrapped themselves up in a bison fell. The tipis and the equipment of the tents belonged to the women who also made them.

Compared to the art of tanning, which was an highly developed craft, pottery and weaving or the art of interlacing were not known among those Indian tribes. So they wore only a leather apron and mocassins, in winter time they used additional clothing like coats made of bison, wolf or grizzly fell to keep warm.

Waging wars, hunting and producing weapons were men's tasks. Because life depended on the quality of the weapons, they spent a lot of time making them. They used bow and arrow with poisoned arrowheads as well as spears, clubs and shields. The tomahawk, the most essential war equipment of the Indians, was used as a missile, not as a short-range-weapon.

The scalping (cutting hair and skin of the scull) had been taken over from the Iroquis. It was a symbol of courage and bravery and the Indians believed in the idea that the scalped enemies would have to serve them after death in the happy hunting-grounds.

Those who talk to the trees

information sheet

The Indians of the North West Coast

The tribes of the North West Coast, for example the Tlingit, Haida and the Kwakiutl, settled along the Pacific Coast and on it's offshore islands all the way up to Alaska. The warm Alaska current kept the coast free of ice. Ocean and rivers, fjords, snow-covered mountains but also huge coniferous forests characterized the landscape.

The clothing of the tribes fitted on the mild climate but you must think of very though and hardy people. In summer the women wore short skirts made of grass and decorated with shells, the men and the children were mostly naked. In winter time they had clothes of woven raffia.

The Indians lived on fishing. The fished in the rivers (salmon) and in the sea (salmon, cod and halibut). They used all kinds of fishing tackles, harpoons, fish traps and nets. The fish caught was eaten fresh or smoked. Very often the Indians cut up the fish right on the shore and afterwards they threw the fish bones back into the sea immediately where they became new fish as they believed. With their seaworthy boats the Indians went out to the ocean to hunt seal and whales. Besides that they also ate the fruits of the forest.

Most of the tribes of the North West lived in big villages. They built wooden houses with gabled roofs which had the front side towards the water. Four to five families shared one house and the fire place in the centre of the building. The houses and their furnishings had been designed and painted elaborately. The women made baskets for cooking, to store food and to carry things. They also produced mats using roots, willow, reed and rush.

Most famous are those tribes especially for their art of wood carving. They made use of the richness of the forests around them; almost everything had been made of wood: houses, boats, masks, parts of the clothes, dishes, boxes. To be able to work exactly they had a „metric measure" tattooed on their arm. The totem poles of the Haida, which are up to 15 metres high, are the most famous works of those people until today. They were put up to honour deceased chiefs or to keep the memory of special events like the building of a house, for example.

The seaworthy Haidan boats were made by two men out of cedar wood tree trunks. They were used to go fishing, as war equipment or as means of transport. They had been up to twenty metres long and offered space for fifty men. They were moved with oars. The steering was done by an old woman with a paddle who had absolute authority on the boat. That underlines the privileged position of the mother among the tribes of the North West.

The Potlach – Celebrations became also very famous. Here the Indians invited guests and overwhelmed them with gifts and presents. They always wore elaborate raffia coats for this special ceremony which they had been weaving on for a long time in advance. Sometimes they even built a new house for this occasion. The chiefs, which had always been male, tried to vie each other in giving presents to the guests because those who gave the most had the best reputation. Then the guests had to invite their hosts back and of course they were expected to show themselves even more generous.

Those who talk to the trees

information sheet

The Californian Indians

The Californian Indians, the Maidu, Pomo and Hupa for example, did hardly resist the Whites.

In the Californian longitudinal valley, which is run through by a few big rivers, mother nature offered such a wide range of food to the Indians that they did not farm the land even though it was very fertile. The climate was mild and nice all year through and the Indians were surrounded by huge and rich mixed forests. Picking a great variety of the fruits of the forest, especially acorn which was ground to flour, was enough for the Indians to live on and so less energy-consuming than agriculture. Furthermore they had nuts, chestnuts and seeds of oats and grass. Those seeds were beaten directly into baskets by the women. Roots were dug out of the ground with digging sticks.

Some fishing and hunting completed the menu. Those Indians had a great variety of hunting methods. When they hunted individually the hunter dressed up himself with an animal's skin and used herbs to conceal the human smell. Besides that they went on houndings where the animals were surrounded and beaten into a fence or against a rock face. Along the coast the Indians mainly lived on fishing and picking shells and crabs. The Pomoindian art of interlacing with willow, roots, grass and bark was the most perfect among all the North American Indian tribes. They could make everything from a small mini-basket to huge baskets up to several metres high and with wonderful patterns and motifs. Very often those objects were also decorated with feathers or shells. The baskets were used for cooking, they were funnels, ladles, drinking vessels and store containers.

The family was the most important group for the Californian tribes. The family was led by a male head being responsible for wife and children as well as for not married or widowed members of the family. The "post" of the head of family was inherited from generation to generation. In most cases several families lived together in small villages in a suitable place. During summer a simple roof to protect the Indians from the sun was enough; in winter time the often built huts with domed roofs which were slightly lowered into the ground. To put up those houses a scaffolding made of woven branches was covered with grass and rush. The clothing was reduced to a minimum, too. The Indians mostly wore a leather or raffia apron. During winter coats of rabbit fur kept them warm.

Those who talk to the trees

information sheet

The Indians of the Plateaus and the Great Basin

The tribes of the northern plateaus of the Rocky Mountains (Flathead, Nez Perce, Shoshoni) partly lived in long house and partly in small tipis that were covered with woven mats. They ate the fruit of the forest, lived on the rich game and fish population and grew some corn. The Nez Perce-women produced wonderful bags made of hemp and corn pods, the men bred the well-known speckled Appaloosa-horses in huge numbers. They had an intensive barter with the Indians of the Plains exchanging bags and horses.

In the desert areas of the Great Basin the Indian families of the Utah and Paiute travelled around almost the whole year on the search for food. Chiefs as known from the other tribes did not exist among the Indians of the Great Basin.

When there was enough rain the menu was characterized by numerous fruit of the forest but the Indians mainly lived on roots, lizards, grasshoppers, crickers, caterpillars or they hunted for birds and rodents like rabbits, squirrels and rats. To catch them they built special traps and used nets and snares or a kind of boomerang. Due to the fact that a lot of food was dug out with a digging stick the tribes of the Great Basin were called "Digger"-Indians. Before using it for cooking and baking the food was grounded on stone slabs with the help of stone rollers. To catch grasshoppers the Indians set dry bushes on fire and beat the insects into the heat. There they had been roasted and afterwards the Indians either ate them immediately or baked them to bread. One of the few events when bigger groups were formed was the hunt for antelopes. The animals were beaten into a fence and then killed by the Indian men. When a larger group met, ballgames were a prefered occupation. Men played some kind of handball or soccer, women played skinny, some kind of hockey.

Those Indians owned only the few things they had always with them. Dogs were used as pack animals. The whole household equipment consisted of elaborate woven objects made by the women using different kinds of grass, raffia, fine roots and willow. They were said to be among the best works of all the North American Indians. They produced mats, sandals, bowls, store baskets, water containers as well rackets used for harvesting grass seeds. In summer the women wore simple raffia dresses, the men had leather clothes. They also wore nice jewellery made of snail-shells, nuts and seeds.

Because there were hardly any trees in the barren surroundings, the Indians lived in caves during winter time or they built rectangular wickiups with poles being two metres in height. Those wickiups had walls and a roof of grass or rush mats.

The Utah or Ute owned horses very early. With those they had become feared robbers. Very often they attacked the villages of the Pueblo-Indians and the Navajos in the South West. Later they moved away to the Plains.

Those who talk to the trees

information sheet

The Indians of the South West

Winnetou, chief of the Mescalero-Apache who lived in Pueblo and friend of the Whites, is a character invented by Karl May and therefore not very realistic. In the hot and rainless South West there lived mainly the Pueblo-Indians (Hopi and Zuni) and the Navajo and Apache.

A pueblo (Spanish: village) is a one to six levels high terraced village consisting of many box-shaped rooms built with clay. In order to protect the pueblo properly against enemies the entrance to the single rooms was situated on the roof. One could only enter using a ladder which also connected the different floors. The whole village consisted of just one house. Almost the whole life took place outside on the flat roofs.

Although the region was very dry the Pueblo-Indians lived on agriculture. They used the sparse rain for watering the fields. To be able to do that they built ditches or placed their fields in a position which enabled them to collect and use the water coming down from the high mountain plateaus. There the men used planting sticks and hoes to grow corn, pumpkins, chili peppers, beans, tobacco and some cotton. Meat was rare. The Indians could only get it in exchange to other goods. The cotton was spun by the women first and then the men wove it in order to produce cloth to make clothes. The Indians prayed to the Kachinas, the ghosts of their ancestors or of plants and animals, to get good crops. The Kachinas were said to return to the earth from time to time to mediate between the people and the almighty powers. In order to prepare their children for these benefactors and to take away their fears the parents gave their children wood carved Kachinadolls.

The housework and the production of baskets made of grass were women's tasks. Furthermore they were said to be the best potters among the North American Indians. They made wonderful pottery with a certain technique. The Spanish invaders were very impressed by those works and so they bought a lot of art objects from the Indians. That definitely changed the Indian pottery. Now the Indians started to produce objects and patterns that fitted with the wishes of their customers.

Two tribes of hunters and gatherers immigrated from Alaska. They called themselves Dineh ("people"). The Navajo ("Indians of the tilled fields") took over some habits and features of living from the Pueblo-Indians and settled down. They lived in dome-shaped, eight-sided houses which were covered with earth. They called them hogans. Even though they did some agriculture mounted hunting and gathering formed the basis of living. When the Spanish brought in sheep they started to breed sheep. The flock was looked after by women and children. They spun wool to make nicely decorated blankets and wall or door hangings. The white and black and red stripy patterns of the Navajo are famous till today. The men became very skilful and talented silversmiths making wonderful jewellery decorated with turquoises and red corals.

The Apache did not settle down but lived on hunting antelopes, rabbits and deer or they went through the prairie on mounted bison hunts. They used bow and arrow, spears, clubs and later on also guns. They exchanged meat and animal skins to agricultural products. Their warriors formed robbing clans and attacked the Spanish and other Indian tribes which gave them the name "apaches des nabadu" ("Enemy of the tilled fields"). They were not very good at crafts, the Apache women made some decoratively coloured baskets. The Apache lived in round houses built with bushes.

Those who talk about the trees — information sheet

Some years ago mineral oil and natural gas was discovered in our reservation and since that time we do not have to worry about money any more. Our democrately elected council decides where and how to invest the money. And so industrial firms - like an electronics company, for example – were founded in which only Indians work. But also agriculture and farming are getting better now because we can use modern achievements. A part of our takings has been invested into new irrigation plants.

A long time ago prefabricated houses and cars took the place of wigwams, tipis and horses. Even electricity, satellite television, supermarkets and fast food restaurants can be found everywhere in our reservation. Our children go to school here and have lessons in their native language. But of course they learn English as well. They can even go to university here in Many Farms.

All reservations have their own law different from those of the surrounding states. Only the traffic regulations are the same. We have got our own police, our own court and we do not have to pay taxes to the state.

Ron Tsosie 32, Navajo (New Mexico)

Some tribes have made their way but in many reservations the problems and difficulties are still huge. We are very poor and live in huts without electricity or water. Therefore the life expectancy is very low, even though there is free health care for the people living in the reservation. A lot of people are unemployed and do not have any hope to find work in the cities because of their bad education. Many try to forget their worries in alcohol and drugs. We, the Indians, have the highest number of suicides among all ethnic groups of the USA.

Linda Northsun 58, Blackfoot (Montana)

My uncle says: "The coal mines run by the Whites on our land rape our mother earth. Mother earth must feel like somebody whose liver has been cut out for money. An Indian would never do something like that."

He does "gentle tourism", the tourists ride on his horses over the "holy land" and he shows them the nature. At the weekends and during my holidays he teaches me the Indian way of living, our culture and religion. Last year I danced for my tribe at the big Pow-Wow in Gallup. Pow-Wows are celebrations where different tribes meet. Our culture is very important to me – but of course I like computer games, too.

Merle White Plume 15, Sioux (Wyoming)

We had been really bad. Only a thousand of us left and most of them had to live on welfare. And then the idea of the casinos came. Since 1988 the Indians have been given the right to run casinos on their land, a right that the "white land" does not have. And the casinos attract the Whites magically. The takings amount to several million dollar. And they bring vacancies for the reservation; in motels and petrol stations as well. But our chiefs do not believe in the eternal blessing of the casinos, they urge to invest the money into respectable companies with a promising future. And so we hopefully face a safe future.

Diane Deer 26, Pequot (Connecticut)

Those who talk about the trees   worksheet

1.
2.
3.
4.
5.
6.
7.

1. A gentle escape of unemployment and poverty for many Indian tribes
2. Rules taken over from the Whites that are also valid in reservation
3. Big cultural celebrations of the tribes
4. Who has got the right to run casinos on their land?
5. Place of a terrible crime against the Indians, a memorial today
6. Mineral resource on Navajo-land
7. Mostly worthless land which was given to the Indians to live on

Dreamkeeper

How to make one...

The Tawingo dreamkeeper

The circle of a hazel or willow switch symbolizes life, woven in is a five-pointed star. With the first point the powers of the plants, the growing and prospering, are woven in, with the second the energy of all that breathes, strives and moves comes in. The third point connects the passion of the different elements, the fourth symbolizes the vitality of mother earth and the fifth stands for the spirit and harmony of the sky. Everything is woven in and part of the whole.

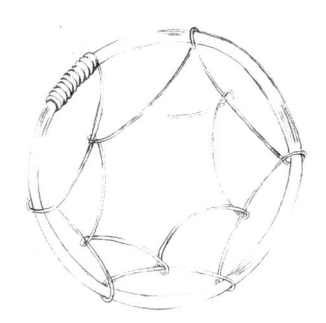

Abb. 1

For a Dreamkeeper you need:
- three metres of waxed or strong brown thread
- a hazel or willow switch, about 40 cm long and 6 mm in diameter
- five pearls of different colours: white symbolizes the sky, blue stands for the water, brown symbolizes the earth, red symbolizes the animals and green stands for the plants
- and a long feather (about 10 cm)

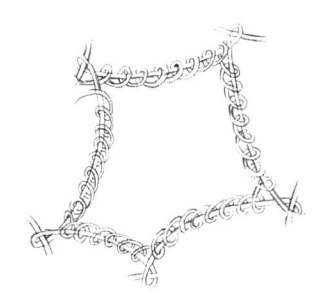

Abb. 2

How to make it:
- Put the switch in a bowl with water over night to make it soft. Form a circle, the ends juting out. Wind the thread round the parts juting out in order to connect everything well. Do not cut the thread.
- To make the woven net wind the thread round the circle at five points regularly distributed all over the circle (picture 1). Keep the thread thightened all the time.
- Then wind the thread round the middle of each of the five sections (thread) made before and keep on doing that till you have formed a pentagon (2-3 cm in diameter) in the centre of the star.
- Wind the thread all round the inner circle as shown in picture 2. Tie it up well and cut the rest of the thread.
- Wind the rest of the thread round the quill (of the feather) and tie it up. Now thread the pearls together and tie up the thread on the wooden circle of the Dreamkeeper. Leave about 5 cm for the feather to hang freely.
- Attach a hanger opposite the feather and hang up the Dreamkeeper above your bed. It will keep the good dreams, the bad ones will disappear through the hole in the middle.

Abb. 3

An agricultural overview   worksheet

❶ **Draw the following agricultural zones into the map:** pastural areas (cattle and sheep farming), dairy farming, cotton, citrus fruit/ sugar-cane/ rice, maize (corn) and soja (grafting through stock breeding), mixed agriculture (corn and wheat, dairy farming, stock fattening and poultry farming), wheat.

Use suitable symbols.

❷ Write the agricultural zones into the table according to their spatial spreading. Assign three to four states each that share large parts of these zones.

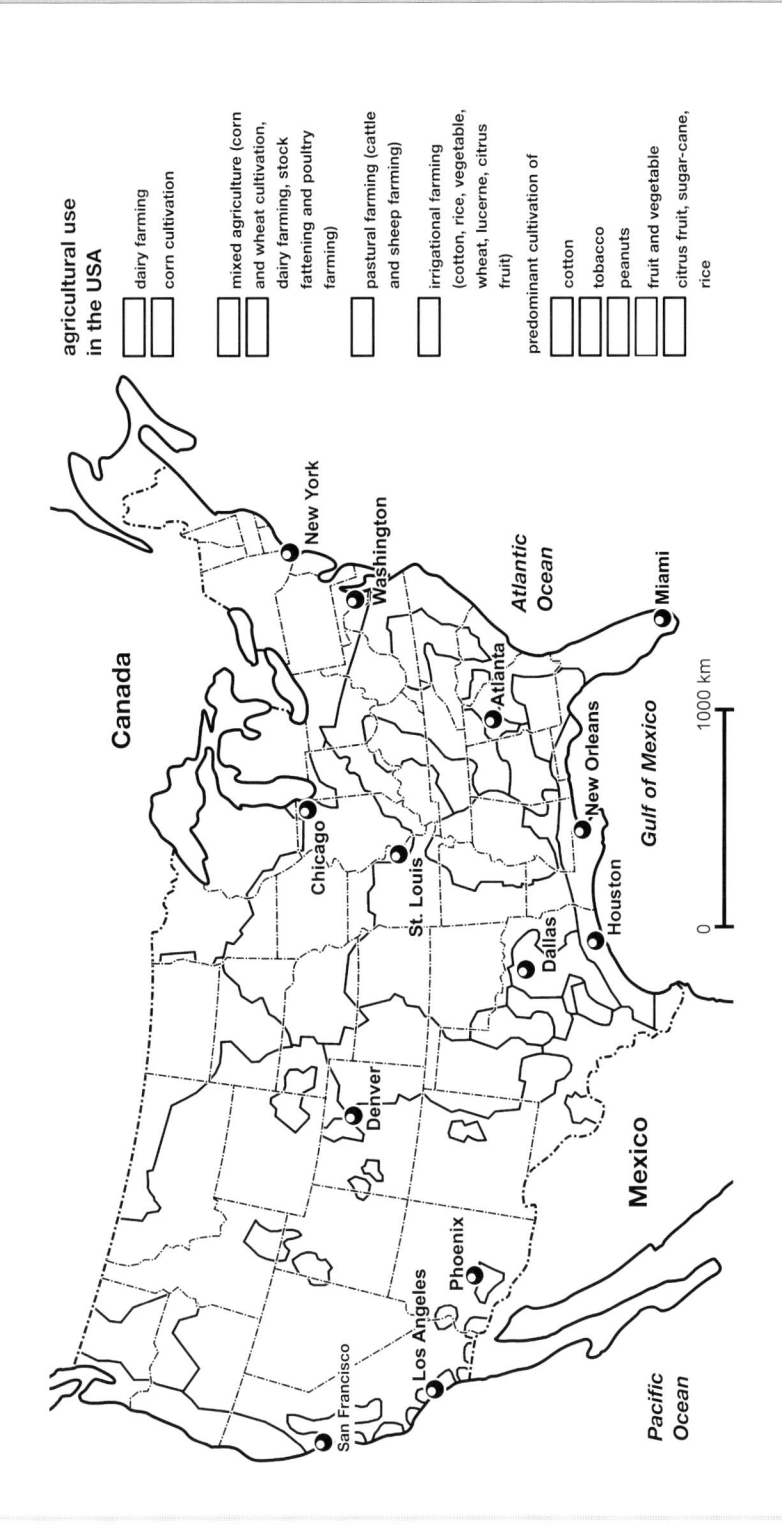

agricultural use in the USA

- dairy farming
- corn cultivation
- mixed agriculture (corn and wheat cultivation, dairy farming, stock fattening and poultry farming)
- pastural farming (cattle and sheep farming)
- irrigational farming (cotton, rice, vegetable, wheat, lucerne, citrus fruit)
- predominant cultivation of
  - cotton
  - tobacco
  - peanuts
  - fruit and vegetable
  - citrus fruit, sugar-cane, rice

An agricultural overview — worksheet

Table: Agricultural zones in the USA

agricultural zone	spatial spreading	states
	south and west of the Great Lakes, Boston – Washington – coastal regions	
	the Midwest	
	areas west of the Mississippi and large areas in the South East of the USA	
	Mississippi valley and the South of the USA	
	Great Plains	
	basins in the mountain states	
	Gulf coast and Florida	

Super grain and super beans — information sheet

Maize (corn)

A plant introduces itself

Maize (corn) (Lat. Zea mays) belongs to the family of grass.
The maize plant is a one-year grass with male inflorescene on top and female inflorescene (cobs) situated at the base of the leaves.
The plant reaches a height up to two metres. The fruit (maize grain) are arranged in longitudinal lines along the cob. They are coloured differently; besides the well-known yellow grain there are also whiteish, red and blue grains.
Maize plants can use the sunlight more effectively than other plants. Their photosynthesis rate is higher and therefore they grow faster.

Super grain maize (corn)

Maize is one of today's most important cultivated plants of the temperate climate. Applied to the size of the areas under cultivation and the production figures maize (corn) is the most important grain after wheat and rice. As feed it takes position number one.

Maize (corn) for the livestock

With over 250 million tons the USA produce over one half of the world's production of maize (corn); most of it directly goes to the meat production (feed).

Valuable food

In some countries maize (corn) is a basic food: the flour is used to produce tortillas, bread or polenta; the cob is a popular vegetable.
Besides that maize (corn) is also a main raw material for the production of starch. Starch is a basic ingredient for pudding, soups, sauces and cakes and pastries.

An old cultivated plant

Mexico is said to be the country of origin. In the Tehuacan Valley (South Mexico) maize had already been cultivated around 5000 BC. Archaeological remains of this variety have also been found in the Bat Cave in New Mexico in the South of the USA. Only after Columbus discovered America maize (corn) made it's way to Europe

Ancient Peruan maize demon as earthenware vessel, found in Chimbote, Peru

Super grain and super beans

information sheet

Soja plant

A plant introduces itself

Soja plants (Lat. Glycine max) belong to the family of involucre.
The soja plant is an about 30 to 100 cm high, brown and hairy papilionaceae with a small, short-stalked whiteish or purple blossom and pods (eight cm long) containing seeds about 8 mm (soja beans).
The seeds contain up to 40% protein and up to 20 % fat; the protein is remarkably nutritious and very similar to non-vegetable protein.

A holy plant
In East Asia the soja plant belongs to the oldest cultivated plants. In China it can be traced back to around 2800 BC where it was one of the five holy plants (with barley, millet, rice and wheat).

Super bean Soja
Soja bean are one of the most valuable and important cultivated plants on the earth, for millions of people it is main supplier of protein. Today, due to the high percentage of fat in the seeds, Soja is the most important oil-supplying plant on earth.

Soja for the livestock
The main part of today's soja production worlwide goes to production of feed for the livestock.

Valuable food
In Asia and in more and more other countries soja beans are a versatile food. The seeds are grounded and used for the production of milk products or sauces. Besides that it is also sold as vegetable spreading, substitute for meat, tofu or protein powder. All these different kinds of food are produced with the highly nutritious protein of the soja beans.

dish with tofu

Super grain and super beans

worksheet

❶ Compare soya beans and maize (corn).
Fill in the following table using the information sheets given.

soya beans		maize (corn)
	country of origin	
	oldest findings	
	Latin name	
	plant family	
	size	
	fruit / seeds	
	special biological features	
	main use	
	further/other use	

Granary

information and working sheet

❶ Classify the centres of wheat cultivation and comment on their position in relation to the demands of the different varieties of wheat and the natural conditions (climate, quality of soil, surface structure). Use information and maps in your atlas. Sum up the results in a table.

wheat cultivation mainly in ...	variety	demands and conditions

wheat (triticum): variety of sweet grass, anual or winter-anual ear grass with two-lined ears. Most important varieties:

hard wheat (triticum durum): long, sharpened, hard and waxy grains; likes warmth, does not need much rain

seed wheat (triticum aestivum, triticum sativum): round or long/oval grains, numerous varieties grown as summer or winter wheat; demands heavy, highly nutritious soil which do not dry out too fast, needs sufficiently high temperatures during summer; due to sensitiveness to cold differentiation between productive winter wheat (sowed in autumn already, tolerating mild steppe areas and ripening early) and summer wheat with special varieties ripening in very short vegetation times

Wheat is used for the production of: bread, semolina, pasta (hard wheat), starch, beer, whisky and animal feed

hard wheat

seed wheat

Harvested wheat cultivation areas in the USA in 1997

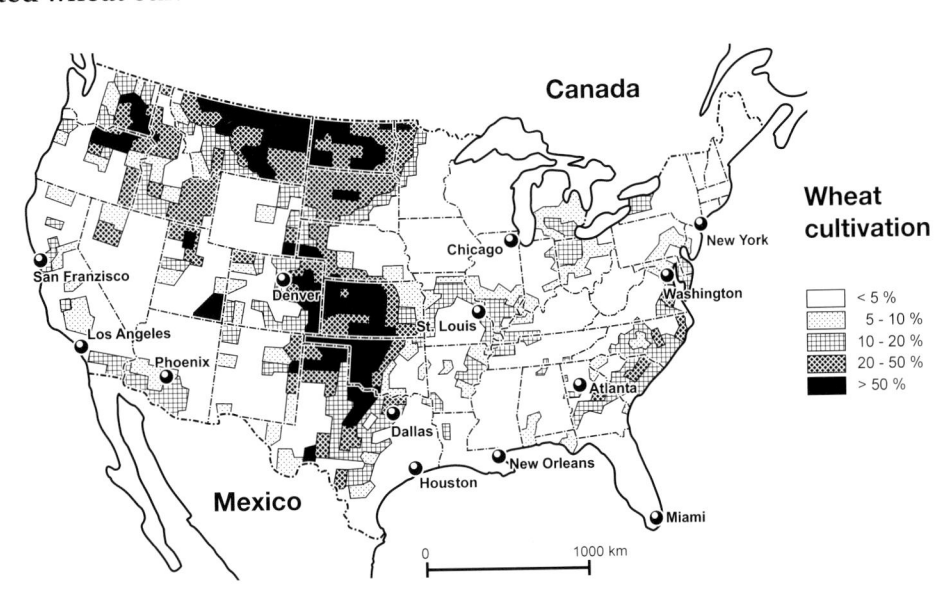

Wheat cultivation
- < 5 %
- 5 - 10 %
- 10 - 20 %
- 20 - 50 %
- > 50 %

Dust Bowl

Experiment

❶ Carry out experiment 1 or 2 and make notes about your observations.

experiment 1

equipment:
- bowl (synthetic material), filled with fine sand (fingerbreadth)
- bowl (synthetic material) filled with strips of grass
- bowl (synthetic material) filled alternately with grassy strips and sand
- hair-dryer

experiment: Hold the hair-dryer obliquely up against the the bowls and blow air over each bowl.

observation: ....

....

....

experiment 2

equipment:
- bowl (synthetic material) filled with soil (fingerbreadth)
- bowl (synthetic material) filled with strips of grass
- 2 pieces of squared timber, collecting bowl, watering can, water

experiment: Place the bowls (filled) on one squared timber each in order to incline them. Use the watering can to simulate heavy rain.

observation: ....

....

....

Dust bowl measures against soil erosion — worksheet

❶ Inform yourself about measures to reduce soil erosion through water and wind. Describe these measures and explain procedure and effects.

Indication	measures to reduce soil erosion and their effects
contour ploughing	
strip farming	
terracing	
crop rotation	
change to grassland or woodland	
residue management/ stubble mulching	
wind barriers	

Dust Bowl measures against soil erosion — information sheet

Interview with a farmer in Finney Country, Kansas

- *Bill, you have been working on a farm for many years and you always have to fight against soil erosion. What do you do against it?*

The erosion on my land wasn't a problem for me for a long time. The loss of soil through wind and water happens very slowly and insidiously. To protect the soil I do strip farming with ploughing and residue management mainly.

- *Can you explain these methods and how they work?*

I grow wheat mainly but I cannot do that every year because we do not have much rain here. Therefore I need fallow periods before I grow wheat again. But to avoid large areas being without vegetation I have divided the fields in strips (wheat cultivation and fallow periods alternating). The strips are about 15 to 100 metres wide depending on the cultivation and how serious the erosion problem is.

- *With strip farming do you have to take other aspects into consideration?*

My fields are situated in a hilly landscape. They should always be parallel to the contour lines to limit the water draining away on the surface. It also means that I have to plough along the contour lines to create plough tracks that can collect small amounts of water. In flat areas we lay out the fields crosswise to the main winds because here the oncoming winds are more dangerous. And we pay attention to rotating crops: standing grain is followed by leaf vegetables to avaoid an unbalanced use of the soil.

- *And what does "residue management" mean?*

It means that only the fruit-bearing parts and the remains of the plants (the residue) stay on the fields as long as possible. With a special implement the roots in the ground are cut through to ensure that the plants cannot use the ground humidity any more. After that the fields must not be worked on.

- *Why do you do that?*

As long as plants cover the soil wind and water cannot directly harm it. It is the simplest and cheapest protection against erosion we have.

- *To terrace a field is one of the most expensive measures against water erosion. Is strip farming not effecient enough to avoid erosion?*

Over a longer period of time a gutter was formed on one of my fields that I could not get rid of with my equipment. Therefore we terrace the field now parallel to the contour lines to stop the water draining away on the surface and to force it to seep in.

- *Are there any other measures against erosion used very frequently?*

Yes, wind protection areas (strips). These are plantings of trees and bushes or high-standing grass. They are laid out rectangularly to the main winds and so they protect the fields situated in the lee. The higher the barrier the better and more efficient is the protection. But there must not be large gaps because here the wind will be even stronger and more powerful than normal because the gap functions like a jet intensifying the wind. Especially endangered areas will be changed back into forests or grassland.

Source: accourding to Michel, I.: Gone with the wind ..., PG 1997, booklet 4, page 37

Where have all the Cowboys gone …?   worksheet

1. Calculate. How long did a cattle trail take from Laredo/Texas to Laramie/Wyoming if the track did about 15 km a day?
2. Why did they carry out such long trails?
3. Give reasons for the change from the ranch to the feedlot.
4. What disadvantages does cattle farming in feedlots have?
5. Name typical features of agribusiness.

Louise Dillon, Fort Laramie/Wyoming:

The steppes in the South are too dry for agriculture but very good for extensive cattle farming. Depending on the vegetation a cow needs up to 30 ha of pasture land. Huge ranches were built. The cattle grazed freely in the steppe. Two times a year the so-called roundups took place where the cowboys separated the herds and marked the calfs with the brand of the ranch. After four to five years the cattle was ready for the slaughter.
The big cattle trails from the South to the train stations here in the North started in 1865.
The South of the USA had lost the Civil War against the North and went bankrupt. In the steppes in the South of Texas millions of Longhorn-cows became wild but there was no market for the meat. Then rumours came up saying that the North had to fight against famines. In Chicago a Longhorn-cow was worth forty dollar; ten times more than in the South. In order to beat the cattle northwards everyone that had a horse was asked to sign up for the trails. Between 1865 and 1885 about ten million cows were beaten over the prairie to the train stations.
Today free natural cattle farming in the prairie can only be found in smaller, often not very effeciently working family businesses. They produce for their local market. The thing we really want here in the West are first class steaks.

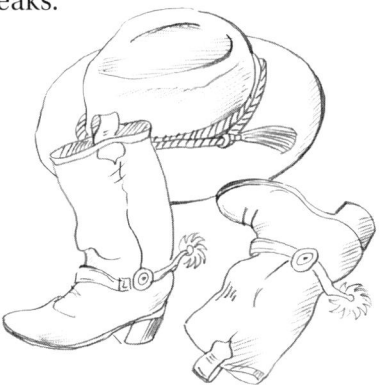

Garry Oden, Manager of the Mc Elhaney Cattle Company in South West Arizona:

Cowboy-romance only takes place in Hollywood; the real world is characterized by rationalization, profit and agribusiness. The growing of feed, cattle fattening, slaughter-houses and distributing goods to supermarkets, restaurants and fast food companies belong to a business.
Our company fattens about 90 000 cows on 240 ha. They stand in feedlots; always 250 cows per feedlot. Longhorns are not among them because they need too much space, are likely to hurt other cows and do not get fat soon enough. Cattle farming in the semidesert is very cheap: low prices for the land, stalls are not necessary, fences are enough. Because of the sun roofs are necessary to protect the cattle; during summer and high temperatures (38 °C) water is used to cool down the cattle.
We need 800 tons highly nutritious, growth-stimulating feed a day. Grain, soja and clover are produced especially for us by our business partners, then grounded in our own mills and enriched with additives. According to the age of the cattle computer programms calculate the optimal amount and mixture of feed. Lorries take the feed to the feeding troughs along the feedlots. One man can take care of 6 000 animals. Putting on 1.5 kg a day the cattle is reaching 600 kg (dressed weight) within 150 days. Our slaughter-house slaughters 750 cows a day.

The orchard and vegetable garden of the USA   worksheet

❶ Why is the water-supply California's biggest problem ? Explain.

❷ Although having the problem mentioned before California became the orchard and vegetable garden of the USA. Find out how this could happen (using suitable maps in your atlas) and explain.

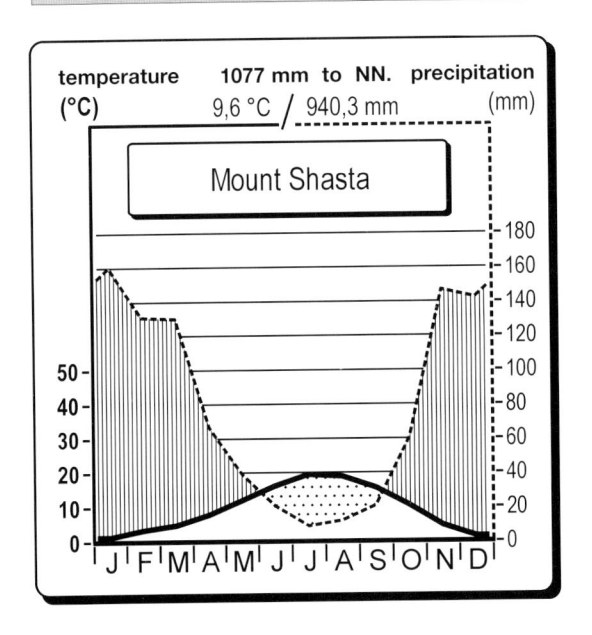

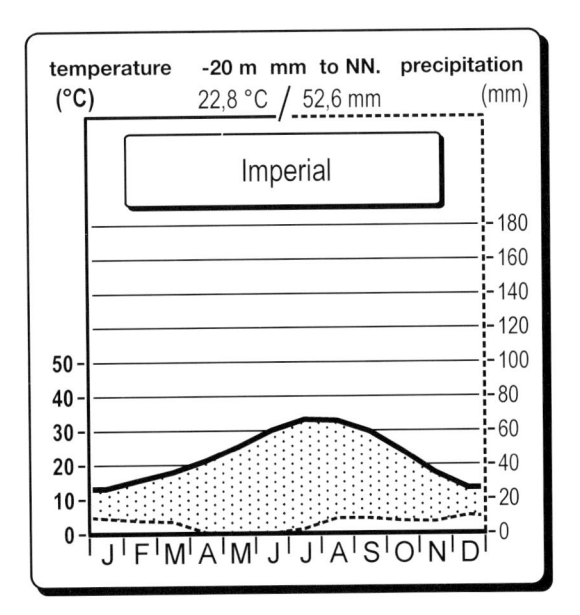

temperature	1077 mm to NN.	precipitation
(°C)	9,6 °C / 940,3 mm	(mm)

Mount Shasta

temperature	-20 m mm to NN.	precipitation
(°C)	22,8 °C / 52,6 mm	(mm)

Imperial

California is the state with the highest population density (32.7 mio inhabitants). Californian industries and service industries are highly productive and belong to those with the highest growth rate in the USA.
California does only have about 3% agriculturally productive land but produces 55% of the whole fruit and vegetable crop of the USA. 70% of the agricultural land is irrigated.

Twenty important Californian farming products

	ranking	sale in Mio. $, 1995		ranking	sale in Mio. $, 1995
milk and cream	1	3078	strawberries	11	552
grapes	2	1839	oranges	12	458
seedlings, plants	3	1500	chicken	13	384
cattle and calfs	4	1290	broccoli	14	318
cotton	5	1063	walnuts	15	314
green salad	6	987	rice	16	309
almonds	7	858	eggs	17	288
hay	8	847	carrots	18	287
tomatoes	9	672	celeriac	19	246
flowers, plants	10	672	honeydew melon	20	237

The Tortilla - Curtain

cut - out sheet

Tortilla Curtain is the name of a novel by **T. C. Boyle** that produced heavy political discussions in the USA. The worth reading novel was also published in German as a paperback with the title "America" (dtv 12519). The passages in italics on the event-cards are directly taken out of the novel. The rest of the text is adapted from the novel.

Rules of the game: (4 players, board, 2 pieces, 7 event-cards each; sorted)

1. Two of you (as Mexicans) go with their piece to the white starting square on the Mexican side, the two others (as US-Americans) go to the grey American starting square.

2. Now read the event-card belonging to your square - each group individually and quietly. Then go on to the next square simultaneously and do the same as you did on the previous.

3. When you reach the last square the corresponding event-card will tell you how to go on with the game.

You, **Candido** Garcia, 19, son of a Mexican small farmer, could only go to school for a few years. You had to work on the farm and when you got 13 you had to work as a seasonal worker on a sugar-cane plantation with your three older brothers. Being 17 years old you went away to the big city Culiacan. There you tried to survive doing casual jobs on building sites. Three months you stayed in Los Angeles - illegally. Your fiancee America Lopez, 16, lived in a Barriada, a village of huts, on the outskirts of Culiacan, together with her Mum and her five siblings. America lost her job in a textile factory. You are healthy and hard-working but you don't have good chances for the future. Without any education you are facing a life in poverty and despair. You want to go to Los Estados Unidos. But because you do not have the "Green Card" allowing you to immigrate and to work in the USA, you choose the illegal way. Tonight you will swim through the river and try to get over the border barrier, the Tortilla - Curtain. You have paid a lot of money for the hint for a safe place. ①

Your name is **Del Mossbacher**, you are a white US-American, member of the Californian middle class and in a second marriage to **Kyra**, a very successful estate agent. You do the housework, look after Kyra's son and her dog. Besides that you write articles for a magazine about environmental protection. You live in the exclusive residential area Arroyo Blanco Estades south of Los Angeles, situated at the far end of the Canyon which is a nature reserve.

The Tortilla - Curtain

cut - out sheet

2

Without money, job and a flat you camp in a small dry Canyon south of Los Angeles not far away from the exclusive residential area Arroyo Blanco Estades. Here in the Canyon "*there is water; the sand is clean and nobody is trying to take something away from you.* When Candido first came to the USA he shared a two-bedroom-flat in Los Angeles with 32 other men. He will never forget the experience of sleeping in shifts nor the stench in the flat or the cockroaches and lice. Here in the Canyon everything is different. Here you are far away from the dirt and the scum of the city, safe from la Chota - the police - and la Migra, the immigration authorities. Candido has already found work here twice, for three dollars an hour - once with a builder who wanted him to build a stone wall and then with a rich man in a Jaguar who needed two men to remove the bushes from the valley behind his house. And every morning when Candido tries to get a job again without knowing if he is coming back midday or in the darkness, he impresses upon America to put out the fire and keep inside."

Arroyo Blanco Estades "*is a private estate with a golf court, ten tennis courts, a village hall and about 250 houses which are situated on a 0.6 ha property each. All these houses are built in accordance with the rules, regulations and restrictions of the 1973 clauses of the foundation statutes. The houses are all designed in a Spanish missionary style, painted in one of the three shades of white that are officially allowed and have light red roofs. Those who want their house light blue or in provincial rosé with frog-green shutters are of course free to move to San Fernando Valley or to Santa Monica or elsewhere. But if you want to be in Arroyo Blanco Estades, you have got to have a white house with a light red roof.*"

You load your car with carefully selected rubbish in order to take it to the recycling centre.

3

You, Candido, still sleepy and frozen stiff, go on your daily search for work. You want to cross the busy road above the Canyon and while doing that you are hit by a car and hurled in the ditch. You lay there - dazed and injured. The driver, a white American, gets out of his car, shakes you and keeps on and on talking to you. You don't understand him. Then the man gives you twenty dollars and drives away. Seriously injured you drag yourself down to the Canyon to America where you finally break down.

You have just hit a poor-looking Mexican man with your car who tried to cross the road inattentively. You get off the car and see that the man in the ditch is coming round. He is injured and you see his face and arm bleeding. He doesn't hear you; apparently he doesn't want any help. You don't know what to do. In the end you give him twenty dollars and he takes the money without even saying thank you. You drive away.
When your wife is told about the accident, she is afraid of high claims for damages. You tell her to calm down and say: "*everything is ok with the man ...just a few bruises. I gave him twenty dollars.*" "*Twenty...?*" "*I am telling you - it was just a Mexican.*"

The Tortilla - Curtain

cut - out sheet

④

Candido has been heavily feverish for five days; America took care of him and his wounds. Because Candido is an illegal person she is afraid of calling the doctor or the police. They would just give them to La Migra taking them straight back to Mexico.
After Candido's recovery you both have repeatedly found some casual jobs for several weeks. You were able to save over 200 dollars to make your dream come true.

④

Something terrible happened to you. A coyote came up from the Canyon and managed to get into the residential area. In your garden he caught your wife's little dog. Later you found the remains of the killed dog. After getting these news your wife has become ill for several days.

⑤

One night on the way back to "your Canyon" La Migra has caught you. Someone must have spotted your camp in the Canyon and told La Migra about it who is now taking you back to Mexico. "You've been so close - only two or three weeks more with regular work and you could have rent the flat you were dreaming of, you could have made yourself home with fresh and clean clothes, you could have gone by bus and you could have had a little job in a back room or a small factory where nobody asks about passports or documents. And then, after two years, you could have applied for the Green Card (in order to become a citizen of the USA). But now the dream is over because you are back in Mexico, in this corrupt and bankrupt country with 40% rate of unemployment and where another million people go on the search for a job every year. Where the inflation rate is so high that farmers burn their crops and where only the rich have enough to eat."

⑤

Walking in the Canyon nearby you discover the following: "...trolleys, tortillas, the path into the Canyon - here the injured Mexican has got his camp. Here he is camping, living. He turns trees, bushes, the whole wilderness into his private flat, he shits in the bushes, tips his rubbish behind the rocks, poisons the stream and ruins the nature for all the other people. The area down there is state-owned - saved from building companies and their bulldozers - reserved for public relaxation, for nature, not for some open air ghetto. Those people worry you, the Mexicans, the Blacks, the rapists, beggars and car thiefs. That's why you moved away from the city with your wife, to live up here, out of the city and in this wonderful place". Now you must inform the immigration authorities.

The Tortilla - Curtain

cut - out sheet

⑥

Highly paid Coyotes (people taking you behind the borders to another country illegally) take you back to the USA. Just arrived you are beaten up by some fellow Mexicans, you are robbed and America is raped.

Here you are again, on the road to Arroyo Blanco Estades, without any money or job but with a strong will to survive and start again. "But what was it all about? Work, nothing else. The right to work, to have a job, to earn a living and a roof above your head. You are committing a crime just by wanting that and by risking everything for the simple subsistence level. Really. These people, the North Americanos: who gave them the right for having all treasures of this world? They live in their glass palaces with gates and fences and alarm systems, they leave lobsters and beefsteaks on their plates – half eaten - and the rest of the world is dying of hunger...Where is justice?"

⑥

On a meeting people should decide on a wall to protect Arroyo Blanco Estades. Your neighbour says: "Do you know that the USA accepted more immigrants during the last few years than all the other countries of the world all together - and that half of them settled down in California? And these are only legal immigrants, people with education, abilities and money. But what is killing us are the others, those who come to the South through the Tortilla - Curtain. Those are farmers. No education, no money, not very talented - all they can offer is a strong back. But ironically we don't need strong backs anymore because we have robots and computers and agricultural machines doing the work of a hundred men - and much cheaper."

⑦

On the way down to the Canyon you meet the white US-American who once hit Candido with his car. He gets off his car in order to follow you. Maybe he is blaming you for the bush fire that threatened the exclusive mansions of the rich people a few days ago.

Everything is at stake for you! Talk to the North Americano, try to explain your situation, convince him not to grass on you to la Migra and make him giving you a chance in the land of dreams.

⑦

You are just driving the road along the Canyon when you suddenly recognize the Mexican you hit with your car and who was camping in the Canyon. Apparently he came back together with his wife. Probably he is the one being responsible for the bush fire threatening your house and those of your neighbours a few days ago.

You stop and go after the two people in order to surrender them and to report them to the immigration authorities. And eventually you will tell them what you think of them.

The still unsolved cases of the FBI: The Powerball Gang

worksheet

The Powerball Lottery has a jackpot of $ 295 million, which is played for on Thanksgiving Day. Until then the money is stored in a bank safe at a secret place.

FBI-agents noticed that radio stations in different states played the old hit "Money" by Pink Floyd exactly at midnight for one week. This set several criminals in motion wellknown by the police:

Willy Gibson (safe-breaker), Joe Ramirez (specialist for alarm systems), Marc Bronsky (expert in weapons and explosives), Sharon Moon alias "The Cat" (burglar), Ken Black Crow (technician), Malcom Jones (computer specialist), Dave Wilder (former racing driver and forger), Iona Shapiro (hacker), Dusty McBridge (former bank manager).

The FBI started a manhunt. From numerous states they have received hints on the wanted criminals.

Find out which hints come from which state. The number in brackets tells you which letter of this state is needed. All letters form the solution, the place, where the money is hidden. Unintentionally one person gives an important tip.

Radio station "Power on wire": A man called Joe Ramirez rang us at 3.00 a. m. and asked us to play the song "Hot dog jumping" to Albuquerque" for his wife. (4)

Ruby Red, shop assistant in a fashion store: He was a real hillbilly, fur cap, checked woollen jacket, boots, unshaven. Said he had been looking for gold in the Blue Mountains. I guess, he must have found some. He paid for three new suits with 100-dollar bills from a thick bundle. (2)

Baton Rouge Airport: A well-dressed black businessman rent a plane this morning and loaded it with various high-tech devices. (9)

Sheriff Hunter: black Dodge Viper, number plate is unknown, was roaring across Tallahassee-Bridge at a speed of 110 miles/h. The driver escaped because the squad car lost it's way during the chase. (2)

Frank Lubbock, train conductor: An elderly gentleman clutched his small suitcase all the time. He seemed to be very nervous. He left the train in Chattanooga, although he had a ticket to New York. He forgot his coat in the compartment. (5)

Arthur Petersen, salesman: I was driving southwards on route 66. I met an amazing woman at a service area, her perfume was striking. We had a few drinks, then I had to go to the restroom. When I returned the woman was gone and so were my car and my wallet. She called herself Dusty Springfield. (4)

Paul Wang, taxi-driver: Tonight I took a red-haired nun with nose ring and laptop to the San Antonio airport. She told me, she came from Corpus Christi and was flying to Maryland. Good heavens, I think she was nuts. (1)

Sam Webb, Dillon-outdoorstore: A slim athletic woman in a BMW bought a complete equipment for mountaineering. She wanted to climb Mount Elbert (4396 m). The check was signed Sharon Moon. Oddly enough she sped off towards east, Mount Elbert, however, is west of us. (2)

Gas station attendant near Grand Island: In the first light of dawn a redskin pushed a rusty VW Rabbit into the garage and said: „Crow had a flat at the Platte. Crow swapped the spare tyre for a blanket years ago". (3)

solution: _ _ _ _ _ _ _ _ _ _

Faxbestellung

An: **Ernst Klett Verlag**
Kundenservice
Postfach 1170
71398 Korb

Telefon: 07 11/6 67 20
Telefax: 07 11/66 72 20 80

Absender

Vorname, Name:

Straße, Hausnummer:

PLZ, Ort:

Meine Schule:

Meine Fächer:

Tel./E-Mail (für eventuelle Rückfragen):

Ich bestelle die folgenden Titel zu den bekannten Bezugsmöglichkeiten:

Anzahl	ISBN	Titel
☐☐	3-623-21000	Lernzirkel Küste
☐☐	3-623-21050	Arbeitsblätter Lernzirkel Küste
☐☐	3-623-21002	Lernzirkel Wüste
☐☐	3-623-21052	Arbeitsblätter Lernzirkel Wüste
☐☐	3-623-21003	Lernzirkel Unruhige Erde
☐☐	3-623-21053	Arbeitsblätter Lernzirkel Unruhige Erde
☐☐	3-623-21051	Arbeitsblätter USA (deutsch)
☐☐	3-12-465030	CD-ROM Mit Alex auf Reisen: In die Wüste
☐☐	3-12-465011	CD-ROM Mit Alex auf Reisen: Deutschland

Bildnachweis Lernzirkel USA:

AKG, Berlin: 18.2 (Werner Forman)
AP, Frankfurt am Main: 20.2, 25.1 (Douglas C. Pizac)
Bentham, John: 23.2
Bilderberg, Hamburg: 9.3 (Jose Azel), 9.5 (Frieder Blickle)
Das Fotoarchiv, Essen: 11.1-2 (Joseph Rodriguez)
dpa: 10.6 (Katja Lenz), 10.7 (Ipol Zissel)
Enkelmann, Filderstadt: 9.4, 9.6, 13.10, 22.2
Focus, Hamburg: 13.9 (Browne/ Picture Group),
21.1 (Kenneth Jarecke), 24.1 (L. Psihoyos/ Matrix)
Foto & Wort Steenmans, Mönchengladbach: 2.3, 2.7, 2.8
Geodia, Göttingen: 12.3, 13.1, 13.3 (Werner Wallert)
Gerster, Zumikon: 2.4, 8.1, 13.5, 13.8, 17.1, 19.1, 20.1, 21.2, 24.3
Hahn, Stuttgart: 13.2
IFA, München: 24.2
Janicke, München: 2.5
Kraus, Wäschenbeuren: 17.2, 21.3
Mauritius, Stuttgart: 2.6 (Vidler), 12.1, 12.2 (Kord), 23.1
Mauritius, Mittenwald: 13.6 (SST)
Muench, Santa Barbara: 2.1
Müller-Moewes, Königswinter: 2.9, 9.7, 13.7, 18.1, 22.1
Picture Press, Hamburg: 3.1 (Sygma), 4.1
Quendt, Heike und Matthias: 2.2
REDFERNS, London: 10.1 (Robert Knight), 10.2-3 (Mick Hutson),
10.4 (Chi Modu), 10.5 (DM/TT)
Renz, Reutlingen: 5.1
Rother, Schwäbisch-Gmünd: 9.8-10
StockFood, München: 18.3-5
Superbild, München: 9.1, 9.2 (Rainer Binder)
Superstock, New York: 13.4, 22.3 (Kummels)
TelePress, Hamburg: 23.3
Time Life, New York: 3.2

Karten

Klett-Perthes Gotha

Grafiken und Illustrationen

Wolfgang Schaar, Jacqueline Urban, Steffen Butz